Hafen-
Handbuch
Polen

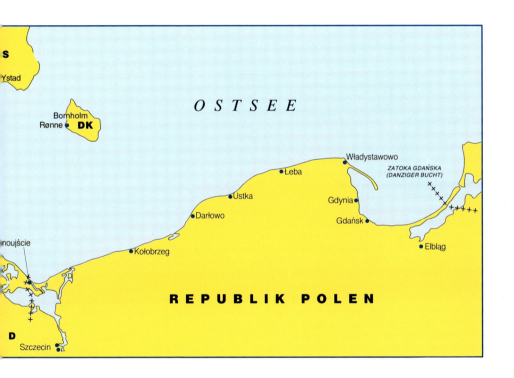

OSTSEE

S

Ystad

Bornholm
Rønne **DK**

Władystawowo

ZATOKA GDAŃSKA
(DANZIGER BUCHT)

Łeba

Ustka

Gdynia

Darłowo

Gdańsk

noujście

Elbląg

Kołobrzeg

REPUBLIK POLEN

D

Szczecin

DSV-Verlag GmbH

gefördert durch die

KREUZER-ABTEILUNG
DES DEUTSCHEN SEGLER-VERBANDES E. V.

ISBN 3-88412-153-7

Hafenhandbuch Polen

1. Auflage 1995
© Copyright by DSV-Verlag GmbH

Herstellung:	DSV-Verlag GmbH, Hamburg
Druck:	C.H. Wäser, Bad Segeberg
EDV/Satz/C-Grafik:	machArt, Hamburg
Kartographie:	F. Klementz
Redaktion:	DSV-Verlag GmbH, Hamburg
Bildautoren:	F. Klementz, T. Stütz (Luftaufnahmen mit Genehmigung des Generalstabes der Polnischen Armee)

Vorwort

Mit der Öffnung der Grenzen nach Osteuropa wurde es auch dem deutschen Wassersportler wieder möglich, den Nachbarn Polen auf dem Wasserweg zu besuchen, um so nicht nur die landschaftlichen Schönheiten, die Baudenkmäler und Hintergründe der polnischen Geschichte, sondern vor allem seine Menschen kennenzulernen. Wenn auch die Sprachbarriere das Miteinander zeitweise schwierig gestalten kann, ist sie nach den bisherigen Erfahrungen kein Hinderungsgrund für einen Besuch Polens. Daß zu den Verständigungsproblemen nicht auch solche nautischer Art hinzutreten, soll dieses Hafenhandbuch verhindern.

Ein Besucher wird vor Ort u. U. feststellen, daß nicht alle Festmachemöglichekeiten für Sportboote in diesem Werk beschrieben wurden. Nicht über alle Plätze lagen hinreichende Informationen vor, andere ließen jede touristische Attraktivität vermissen. Daß dann doch alle wichtigen und interessanten Liegemöglichkeiten in diesem Hafenhandbuch dargestellt werden können, ist wesentlich auf die tatkräftige Hilfe der polnischen Behördem zurückzuführen.

Für die Unterstützungen der Hydrographischen Büros in Gdynia (Gdingen) sowie durch die Kapitanate (Hafenämter), Bosmanate (Hafenmeistereien) und durch andere Personen soll an dieser Stelle gedankt werden.

Besonderen Dank gebührt dem Direktor für Hydrographie der Republik Polen in Gdynia, Herrn Magister Apoloniusz Łysejko, der durch sein Verständnis für die Sportschiffahrt die Voraussetzungen für ein problemloses Recherchieren durch den Bearbeiter ermöglicht hat.

... und das Wichtigste

Allen Benutzern dieses Hafenhandbuchs wünschen wir erholsame Stunden auf dem Wasser und eine stets sichere Heimkehr.

Hamburg, im Januar 1995   Verlag und Bearbeiter

Inhalt

Allgemeiner Teil

Hinweise und Erläuterungen

Im vorliegenden Werk wird die von Sportfahrzeugen in den polnischen Häfen anzutreffende Situation umfassend dargestellt. Grundlage waren amtliche polnische Vermessungen und sonstige Informationen polnischer Behörden, wie das Hydrographische Büro der Republik Polen in Gdynia (Biuro Hydrograficzne Rzeczypospolitej Polskiej) und das Hydrographische Büro in Stettin (Szczecin) , Hafenämter (Kapitanate) und Hafenmeistereien (Bosmanate), und nicht zuletzt Auskünfte der Verantwortlichen für die Jachthäfen.

Weitergehende Detailinformationen zu speziellen Themen wie z. B. Zoll, Betonnung, Schiffahrtsrecht, Wetter etc. findet der Interessierte im *Yachtpilot* ebenso wie auch eine Zusammenstellung der wichtigsten nautischen polnischen Wörter in deutscher Übersetzung. Mit dem *Yachtpilot* stellt der DSV dem Wassersportler ein umfangreiches und jährlich durch Nachträge auf den neuesten Stand gebrachtes Nachschlagewerk zur Verfügung, das speziell als Ergänzung zu den Hafenhandbüchern u. a. der Ostsee konzipiert ist und alle Informationen enthält, die im Normalfall beim Küsten- und Seesegeln benötigt werden.

Es muß aber mit aller Deutlichkeit daran erinnert werden, daß dieses Hafenhandbuch und der *Yachtpilot* den Schiffsführer nicht von der Verpflichtung befreien, alle sonstigen ihm zugänglichen Informationen bei der Planung und Durchführung einer Reise zu berücksichtigen. Unverzichtbar ist in jedem Fall der Gebrauch einer auf dem neuesten Stand berichtigten Seekarte, dringend zu empfehlen die Verwendung des amtlichen deutschen Seehandbuches Nr. 2001 - *Ostsee-Handbuch , I. Teil*, des Bundesamtes für Seeschiffahrt und Hydrographie -BSH -, in dem die polnischen Gewässer beschrieben werden.

Bei der Schreibweise der Ortsnamen mußte die Tatsache Berücksichtigung finden, daß die Besonderheiten in Schriftbild, Schreibweise und Aussprache der polnischen Ortsnamen wie die polnische Sprache selbst der Masse der deutschen Wassersportler z. Z. noch völlig fremd ist. Im Interesse einer guten Lesbarkeit und Verständlichkeit der Texte wurden in den Überschriften die deutschsprachigen Namen vorangestellt, gefolgt von den polnischen, im laufenden Text dann nur noch der deutsche Ausdruck verwendet.

Es wird aber ausdrücklich darauf hingewiesen, daß in Polen und im Umgang mit polnischen Stellen nur die polnische Schreibweise die verbindliche ist, wie auch der Gebrauch der deutschen Sprache in Polen aus historischen Gründen auf Ablehnung stößt. Anders als z. B. in den nordischen Staaten ist es in Polen in der Regel nicht möglich, bei offizielle Stellen wie Küstenfunkstellen oder Hafenmeistern in deutscher Sprache Informationen zu erfragen. Da Englisch wird nur in den großen Seehäfen gesprochen wird, sind die Möglichkeiten des Revierfunks praktisch kaum nutzbar.

Haftungsausschluß

Der Inhalt dieses Hafenhandbuchs wurde anhand der zugänglichen Unterlagen mit größter Sorgfalt zusammengestellt. Eine Haftung für unrichtige oder fehlerhafte oder unvollständige Angaben übernehmen weder Herausgeber, Verlag oder Bearbeiter.

Mitarbeit von Sportschiffern

Nicht alle Dinge, die für die Sportschiffahrt von Interesse sind, werden in den Nachrichten für Seefahrer (N.f.S.) veröffentlicht. Sportschiffer, die auf ihren Urlaubsfahrten Abweichungen von den Angaben dieses Hafenhandbuchs feststellen bzw. Anregungen für Ergänzungen oder Änderungen geben können, werden gebeten, diese Informationen dem Deutschen Segler-Verband zukommen zu lassen; dieser ist auf derartige Informationen im Interesse der Sportschiffahrt dringend angewiesen.

Bitte senden Sie deshalb ihre Anregungen. - ggf. in einem unfrankierten Umschlag. - immer sobald wie möglich an den DSV-Verlag. Besonders wichtig sind Skizzen, da amtliche Unterlagen, insbesondere über kleine Häfen, Anleger etc. regelhaft nicht zur Verfügung stehen. Auch Sie profitieren von der Mühe, der sich andere Sportschiffer hier unterziehen.

Pictogramme

In den Hafenbeschreibungen verwandte Pictogramme

 – Charakteristik   – Versorgung

 – Liegeplätze   – Ergänzende Hinweise

 – Nautik   – Touristik

Die unter den Hafenplänen angeordneten Pictogramme verweisen auf Einrichtungen, die sich außerhalb des Planes befinden.

In den Hafenplänen verwandte Pictogramme

 – Hafenmeister   – Slip   – Post

 – Gast-liegeplätze   – Müllbehälter   – Telefon

 – Waschgelegenheit/Wasserzapfstelle   – Altöl   – Diesel

 – Dusche   – Entsorgung   – Benzin

 – Toilette   – Werft   – Gas

 – Münzwaschmaschine   – (Motoren-)Werkstatt   – Apotheke

 – Strom   – Segelmacher   – Arzt/Krankenhaus

 – Mastenkran   – Kaufmann/Einkaufsmöglichkeit   – Zoll

 – (Schiffs-)Kran   – Schiffsausrüster/Bootszubehör   – Ankerplatz

 – Trailerbahn   – Bank/Wechselstube   – Leuchtfeuer

Gebietseinteilung

Zum Gesamtgebiet

Dieses Handbuch beschreibt die Häfen der polnischen Ostseeküste von Swinemünde im Westen bis Neufähr an der Danziger Bucht im Osten, der geschützten Gewässer am Unterlauf der Oder ab Stettin, am Großen Stettiner Haff sowie an der Dievenow als östlichen Mündungsarm der Oder.

Benötigt man für die Fahrt vor der freien Ostseeküste ein absolut seetüchtiges Fahrzeug und eine entsprechend erfahrene Besatzung, sind die Gewässer des Stettiner Haffs anderen großen Binnengewässern mit entsprechend geringeren Anforderungen an Boot und Besatzung vergleichbar. Die in diesem Handbuch gewählte Gebietsaufteilung trägt dem Rechnung.

Die folgenden Kurzbeschreibungen der Teilgebiete können für die Reiseplanung nur grobe Anhaltspunkte geben. Im Interesse der Übersichtlichkeit werden vor den entsprechenden Abschnitten der Hafenbeschreibungen für die Nebengewässer der Oder nördlich Stettins und für den Lauf der Dievenow zusätzliche Hinweise gegeben und durch Übersichtskarten ergänzt.

Pommersche Küste

Die Hafenbeschreibungen erfassen über rd. 200 sm alle von Kielbooten anlaufbaren und unmittelbar an der polnischen Ostseeküste liegenden Häfen zwischen der deutsch-polnischen Grenze im Westen und der Danziger Bucht im Osten; die Danziger Bucht selbst ist ein eigenes Teilgebiet.

Die Küste bietet mit Ausnahme bei südlichen Winden keinen Schutz. Da nicht alle Häfen wegen der Tiefenverhältnisse in den Ansteuerungen und Einfahrten bei starken auflandigen Winden mit entsprechendem Seegang gefahrlos angelaufen werden können, kommt im Bereich dieser Küste der Reiseplanung und da insbesondere der Berücksichtigung der zu erwartenden Windverhältnisse besondere Bedeutung zu.

Aufmerksamkeit erfordern zudem die vielen küstennahen militärischen Sperrgebiete.

Die Häfen dieses Gebietes werden unter den Ordnungsnummern PL 01 bis PL 08 behandelt.

Swinemünde (Świnoujście), Marina Orion	PL 01
Swinemünde (Świnoujście), Marina Maroli	PL 01
Swinemünde (Świnoujście), Vier Winde	PL 01
Dievenow (Dziwnów)	PL 02
Ost-Deep (Mrzeżyno)	PL 03
Kolberg (Kołobrzeg)	PL 04
Rügenwalde (Darłowo)	PL 05
Stolpmünde (Ustka)	PL 06
Leba (Łeba)	PL 07
Großenbrode (Władysławowo)	PL 08

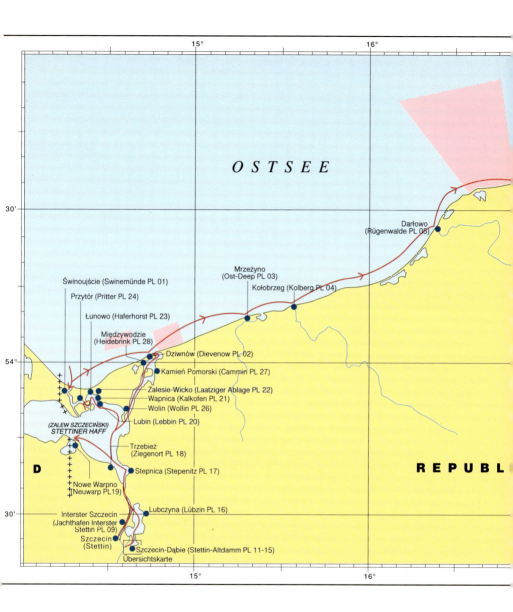

O S T S E E

Darłowo
(Rügenwalde PL 05)

Mrzeżyno
(Ost-Deep PL 03)

Świnoujście (Swinemünde PL 01)

Kołobrzeg (Kolberg PL 04)

Przytór (Pritter PL 24)

Łunowo (Haferhorst PL 23)

Międzywodzie
(Heidebrink PL 28)

Dziwnów (Dievenow PL 02)

Kamień Pomorski (Cammin PL 27)

Zalesie-Wicko (Laatziger Ablage PL 22)

Wapnica (Kalkofen PL 21)

Wolin (Wollin PL 26)

Lubin (Lebbin PL 20)

(ZALEW SZCZECIŃSKI)
STETTINER HAFF

Trzebież
(Ziegenort PL 18)

D

REPUBL

Stepnica (Stepenitz PL 17)

Nowe Warpno
(Neuwarp PL19)

Lubczyna (Lübzin PL 16)

Interster Szczecin
(Jachthafen Interster
Stettin PL 09)

Szczecin
(Stettin)

Szczecin-Dąbie (Stettin-Altdamm PL 11-15)

Übersichtskarte

Die Oder mit ihrem Mündungsgebiet und das Große Stettiner Haff

Das polnische Große Haff bildet zusammen mit dem auf deutschen Staatsgebiet gelegenen Kleinen Haff das Stettiner Haff. Das Große Haff ist eine Drehscheibe des Sportbootverkehrs. Aus dem Berliner Raum anreisende Sportboote haben hier den kürzesten Zugang zum freien Seeraum der Ostsee, können aber auch durch das Kleine

Haff schnell die geschützten Gewässer westlich von Usedom erreichen und damit nahezu unabhängig von der Wetterlage sicher in die reizvollen Gewässer um Rügen gelangen; bis zur dänischen Südsee ist es von dort dann nur eine Tagesreise.

Von besonderem Reiz sind in diesem Bereich der nördlich von Stettin gelegenen Dammscher See und Kleiner Dammscher See, im östlichen Teil des Oderdeltas das Flußgebiet der Dievenow mit seiner seeartigen Erweiterungen Die Maade, Camminer Bodden und Fritzower See. Über die Dievenow können Sportboote auch die Ostsee erreichen.

9

Die Häfen dieses Gebietes werden unter der Ordnungsnummern Pl 09 bis PL 28 behandelt.

Stettin (Szczecin), Jachthafen Interster	PL 09
Dammscher See, Kleiner Dammscher See	PL 10
Stettin-Altdamm (Szczecin-Dąbie), Pogoń	PL 11
Stettin-Altdamm (Szczecin-Dąbie), Marina Marco	PL 12
Stettin-Altdamm (Szczecin-Dąbie), Akadem. Segelverein Stettin	PL 13
Stettin-Altdamm (Szczecin-Dąbie), Palast der Jugend	PL 14
Stettin-Altdamm (Szczecin-Dąbie), Polaris Center	PL 15
Lübzin (Lubczyna)	PL 16
Stepenitz (Stepnica)	PL 17
Ziegenort (Trzebież)	PL 18
Neuwarp (Nowe Warpno)	PL 19
Lebbin (Lubin)	PL 20
Kalkofen (Wapnica)	PL 21
Laatziger Ablage (Zalesie Wicko)	PL 22
Haferhorst (Łunowo)	PL 23
Pritter (Przytór)	PL 24
Die Dievenow	PL 25
Wollin (Wolin), Vereinshafen	PL 26
Cammin (Kamień Pomorski)	PL 27
Heidebrink (Międzywodzie)	PL 28

Danziger Bucht

Wegen der besonderen Verhältnisse in der Danziger Bucht wurde ihr ein eigener Teilbereich gewidmet. Die Besonderheiten erklären sich nicht nur aus der Nähe zur russischen Grenze, sondern auch aus dem Gemenge von Sperrgebieten, Verkehrstrennungsgebieten und anderen Verkehrsführungen auf engem Raum in der Ansteuerung zu den dicht benachbarten Seehäfen Gedingen und Danzig bzw. zu den Häfen an der Hinterkante der Halbinsel Hela.

Die Häfen dieses Gebietes werden unter der Ordnungsnummern Pl 29 bis PL 38 behandelt.

Hela (Hel)	PL 29
Heisternest (Jastarnia)	PL 30
Putzig (Puck), Jachthafen	PL 31
Gdingen (Gdynia), Jachthafen	PL 32
Zoppot (Sopot)	PL 33
Danzig Yachthäfen	PL 34
Danzig - Festung (Gdańsk)	PL 35
Danzig - Stadt (Gdańsk)	PL 36
Danzig - Neufähr (Gdańsk /Górki Zachodnie)	PL 37
Frisches Haff (Zalew Wiślany)	PL 38

Hafenverzeichnis
– alphabetisch-polnisch –

Hafenverzeichnis
– alphabetisch-deutsch –

Militärische Sperr- und Übungsgebiete

Vor der polnischen Ostseeküste befinden sich mehrere militärischen Sperr- und Übungsgebiete, die ständig oder nur zeitweilig für die Schiffahrt gesperrt sind. Ihre Lage ist aus den Seekarten zu ersehen (siehe auch Plan Seite 8/9).

Die Dauer der Sperrungen sowie die Schieß- oder Übungszeiten werden in den polnischen Nachrichten für Seefahrer, im Nautischen Warnfunk und durch Aushang bei den Hafenämtern bekanntgegeben bzw. können über UKW-Revierfunk bei den Hafenämtern erfragt werden.

Da die Informationsquellen von der Sportschiffahrt schon wegen der Sprachbarriere nur eingeschränkt genutzt werden können, sollten diese Gebiete grundsätzlich gemieden werden. Dabei ist zu beachten, daß die Gebiete nicht durch Tonnen etc. markiert sind, so daß bei küstennaher Fahrt sorgfältiges Navigieren erforderlich ist, um nicht unabsichtlich in diese Gebiete hineinzugeraten.

Den Anordnungen der Wachfahrzeuge ist unbedingt Folge zu leisten. Diese Fahrzeuge führen am Tage die Dienstflagge (weiß-rote Nationalflagge mit Staatswappen), bei Nacht ein grünes Rundumlicht, Polizeifahrzeuge ein blaues Rundumlicht. Als Stoppsignal wird die Flagge **L** des Internationalen Signalbuchs gezeigt und das Schallsignal einmal kurz, einmal lang, zweimal kurz (· — · ·) gegeben.

Sperrgebiete vor der Ostseeküste:
- 3 sm vor der Küste rd. 5 sm NW-lich der Dievenow-Mündung
- 2 sm O-lich der Dievenow-Mündung bis 4 sm vor die Küste
- Zwischen dem Feuerturm von Jaroslawiec und dem Hafen Stolpmünde (Ustka) bis 17 sm vor die Küste
- 2 sm W-lich Leba (Łeba) bis 3 sm vor die Küste
- W-lich des Feuerturms Rozewie bis 3 sm vor die Küste
- Gesamte Seeküste der Halbinsel Hela bis zu 9 sm vor die Küste
- Im Seegebiet der Danziger Bucht zwischen dem Verkehrstrennungsgebiet und der polnisch-russischen Grenze

Deutsche und polnische Seekarten

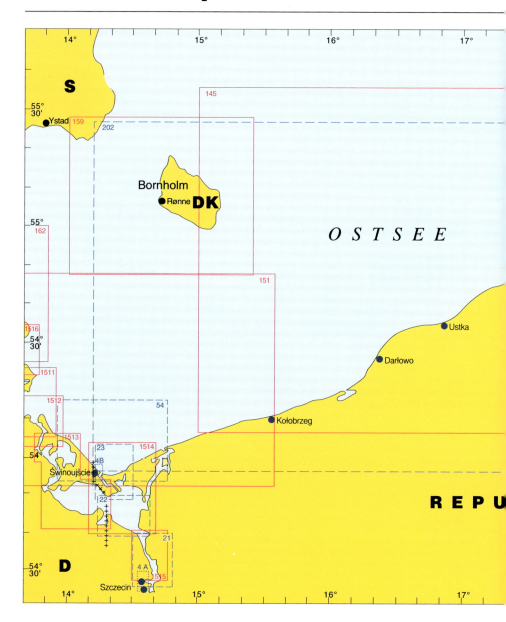

Hinweis: Polnische Seekarten sind in Deutschland z. Z. praktisch nicht erhältlich. Dievenow, Dammscher See und Kleiner Dammscher See werden in den amtlichen Deutschen Seekarten nicht dargestellt, wohl aber in der *„Gewässerkarte im DSV-Verlag Stettiner Haff"*.

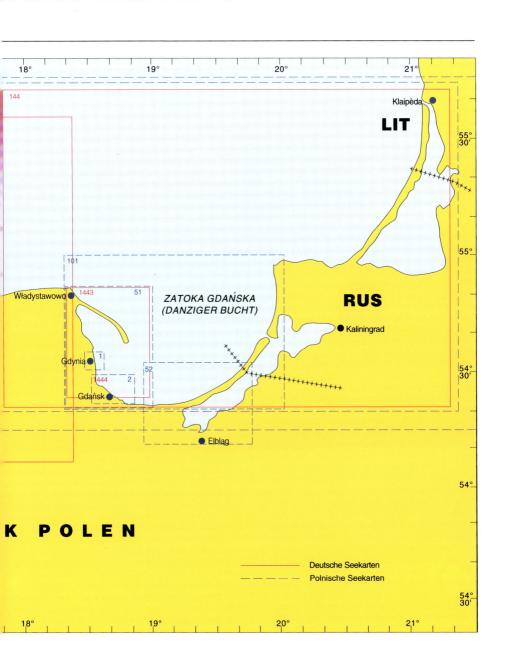

18°   19°   20°   21°

144

Klaipèda

LIT

55°30'

55°

101

Władystawowo   1443   51   *ZATOKA GDAŃSKA*   **RUS**
(DANZIGER BUCHT)

Kaliningrad

Gdynia   1

52

1444   2

Gdańsk

54°30'

Elbląg

54°

K POLEN

54°30'

Deutsche Seekarten
Polnische Seekarten

18°   19°   20°   21°

Grenzvorschriften

Die folgenden Regelungen betreffen nur den Bezirk Stettin (Wojewodschaft Szczecin). Grenzvorschriften für die übrigen Bereiche der polnischen Küste lagen bei Redaktionsschluß noch nicht vor. Nach einer unbestätigten Auskunft der Grenzkontrollstelle Swinemünde müssen sich Sportfahrzeuge aber auch in jedem anderen polnischen Ostseehafen bei jedem Ein- und Auslaufen neu der Grenzabfertigung (und Zollkontrolle) stellen.

Im Bereich des Bezirks Swinemünde befinden sich die Grenzabfertigungsstellen für Sportboote, die die

Seegrenze überschreiten, in den Häfen Swinemünde (Świnoujście) und Dievenow (Dziwnów);

Binnengrenze am Stettiner Haff (Zalew Szczeciński) oder in der Neuwarper Bucht (Zatoka Nowowarpieńska) überschreiten, in Ziegenort (Trzebież);

Binnengrenze auf der Oder überschreiten, am Grenzübergang Widuchowa/Garz.

Sportboote, die in Swinemünde (Świnoujście) von See her einlaufen und weiter durch das Stettiner Haff (Zalew Szczeciński) in die Gewässer der Bundesrepublik Deutschland oder umgekehrt fahren wollen, müssen sich der Grenzkontrolle in Ziegenort (Trzebież) **und** in Swinemünde (Świnoujście) unterziehen. Bei der Einreisegrenzkontrolle sind den polnischen Grenzbeamten zwei Kopien der Mannschaftsliste vorzulegen. Eine Kopie wird bei der Grenzkontrolle einbehalten, die andere - beglaubigt von einem Grenzbeamten - verbleibt auf dem Sportboot bis zur Grenzkontrolle bei der Ausreise.

Die Mannschaftsliste muß beinhalten:

- Name und Registriernummer des Sportbootes,
- Namen des zuletzt angelaufenen Hafen sowie die voraussichtliche weitere Route
- Vor- und Nachnamen, Geburtsdatum, Geburtsort sowie Paßnummer von Schiffsführer und Besatzung.

Zur Beschleunigung der Grenzfomalitäten ist es ratsam, von der Mannschaftsliste vier Kopien bereitzuhalten - je zwei Kopien für den Grenzkontrolle und die Zollkontrolle (siehe Zollvorschriften).

Bei der Einreise muß ein noch mindestens 6 Monate gültiger Reisepaß vorgelegt werden. Bei Aufenthalten in Polen von über 90 Tagen besteht Visumzwang.

Zollvorschriften

Die Zollzone vor der polnischen Küste ist 12 sm breit und damit identisch mit den Hoheitsgewässern. Innerhalb dieser Zone muß auch jedes Sportfahrzeug mit Zollkontrollen durch die polnischen Grenzorgane rechnen. Die Fahrzeuge der Grenzorgane zeigen am Tage die Dienstflagge, bei Nacht zwei grüne Rundumlichter senkrecht untereinander. Stoppsignal ist die Flagge **L** des ISB bzw. der Buchstabe **L** im Morsecode als Schallsignal.

Sportfahrzeuge, die von See einlaufen oder Polen verlassen wollen, sind verpflichtet, sich der Zollkontrolle zu unterziehen. Es müssen zwei Kopien der Mannschaftsliste (siehe Abschnitt *Grenzvorschriften*) dem Zollbeamten im ersten angelaufenen polnischen Hafen vorgelegt werden. Eine der Kopien wird vom Zollbeamten einbehalten, die andere, vom Zolleamten beglaubigte, muß bis zur Zollkontrolle beim Verlassen Polens an Bord aufbewahrt werden.

Pro Person über 18 Jahre können maximal folgende Freimengen zollgeführt werden:
Alkoholische Getränke:
0,5 Liter Spirituosen, 2 Liter Wein und 5 Liter Bier,
Tabakwaren:
250 Zigaretten oder 50 Zigarren bis 50 Stück oder 250 g Tabak.
Bohnenkaffee oder Tee : 200 g,
Lebensmittel:
Insgesamt 2 kg Fleisch-, Fisch- oder Geflügel, 1 kg Tier- und Pflanzenfett, 1 kg Milchprodukte, 1 kg Schokolade und Schokoladenwaren

Zollfrei ist auch die Ein- und Ausfuhr von Geschenken im Gesamtwert bis US $ 100, (ausgenommen alkoholische Getränke und Gegenstände mit hohem Einzelwert) Geschenke im Wert zwischen $ 101 und $ 300 (nach dem Kurs der Polnischen Nationalbank am Tag der Anmeldung zur Zollkontrolle) werden pauschal mit einem Abgabensatz von 10 % belastet. Bei einem Wert über $ 300 kommt der individuelle Zolltarif zur Anwendung.

Die Praxis zeigt , daß die o. a. Freimengenregelung z. Z. eher großzügig gehandhabt wird. Daß die für die Dauer des Aufenthalts in Polen an Bord befindlichen Mengen, soweit sie über die Freimengen hinausgehen, abgabenfrei bleiben, liegt allein im freien Ermessen des abfertigenden Zollbeamten.

Werden auf Nachfrage eines Zollbeamten falsche Mengenangaben vom Führer des Sportbootes gemacht, kann das als ein strafbarer Schmuggelversuch gewertet werden, in der Regel mit sehr einschneidenden Konsequenzen bis hin zur Beschlagnahme des Sportbootes.

Gegenstände des persönlichen täglichen Gebrauchs oder Eigendarfs wie Wäsche, Kosmetika, Medikamente sowie Gebrauchsgegenstände aus Gold, Platin und Edelsteinen mit einem Gesamtgewicht bis zu 50 g etc. können ebenfalls abgabenfrei eingeführt werden.

Gleiches gilt für andere Gebrauchsgegenstände wie z. B. Kameras, Sportgeräte, Musikinstrumente, elektronische Geräte, sofern sie nur in der nachweislich unumgänglichen Menge eingeführt und in jedem Fall wieder ausgeführt werden.

Bei Feuerwaffen wie z. B. Signalpistole muß der deutsche Waffenschein vorgelegt werden.

Ausländische Zahlungsmittel dürfen nur dann wieder ausgeführt werden, wenn sie zuvor bei der Einreise deklariert und eine entsprechende Einfuhrbescheinigung aus-gestellt wurde. Eine Differenz muß erläutert werden. Die Ein- und Ausfuhr polnischer Zahlungsmittel ist in jedem Fall verboten.

Zur Vermeidung von Schwierigkeiten bei der Ausfuhr sollten Zweifelsfragen ggf.schon bei der Einreise-Zollabfertigung bzw. im Vorwege ggf. mit dem Hauptzollamt Warschau (Warszawa) ul. Swietokrzyska 12, Te. 26 25 91 od. 26 84 65 geklärt werden.

Umfangreiche Informationen zu den polnischen Zollbestimmungen finden sich im *Yachtpilot.*

Seenot-Rettungsdienst

Den Seenot-Rettungsdienst an der polnischen Küste wird durch die staatliche polni-sche Rettungsgesellschaft *Polskie Ratownictwo Okretowe* - PRO.-mit Seenotleitstellen (RCC) in Gdingen und Swinemünde durchgeführt. Die RCC können über die polnischen Küstenfunkstellen auf den internationalen Seenotfrequenzen alarmiert werden.

Der PRO unterstehen die Küstenrettungsstationen und Rettungsschiffe.

Küsten-Rettungs-Stationen (BSR) befinden sich in Dievenow (Dziwnów), Kolberg (Kołobrzeg), Rügenwalde (Darłowo), Stolpmünde (Ustka), Leba (Łeba), Großendorf (Władysławowo) und Schiewenhorst (Świbno).

Rettungskreuzer und Motorrettungsboote sind in den Häfen Ziegenort (Trzebież) am Großen Haff, Swinemünde (Świnoujście), Dievenow (Dziwnów), Kolberg (Kołobrzeg), Rügenwalde (Darłowo), Stolpmünde (Ustka), Leba (Łeba), Großendorf (Władysławowo), Hela (Hel), Gdingen (Gdynia) und Neufähr (Gorki Zachodnie) stationiert.

Für den Seenotfunk stehen die Küstenfunkstellen Stettin, Witovo (ca. 11 sm WSW-lich Stolpmünde) und Gdingen zur Verfügung.

Hafen-Verkehrssignale

Tag	Nacht	Tag	Nacht	Tag	Nacht	Tag	Nacht	Tag	Nacht
◯	F.R	◯	F.R	▽	F.G	▽	F.G	⊐	F.R
◯	F.R	△	F.	△	F.	△	F.	◯	F.G
◯	F.R	◯	F.R	▽	F.G	◯	F.R	⊐	F.R
Einlaufen verboten (totale Sperrung)		Einlaufen verboten		Auslaufen verboten		Ein- und Aus-laufen verboten, Verkehrstop im Hafen		Sperrung eines Fahrwassers bzw. eines Hafenbeckens	

Fischerei

An der polnischen Ostseeküste wird in der Zeit vom 15. März bis 15. Juni von zahlreichen Kuttern Lachsfischerei mit Treibnetzen und Angelleinen betrieben.

Die Netzbojen sind gekennzeichnet:

am Tage: mit roten Fähnchen

bei Nacht: mit einem weißen Licht an jeder 10. Netzboje

Die Lachsfischerei findet hauptsächlich in einer Zone bis zu 10 sm vom Land statt, einzelne Kutter fischen jedoch bis zu 15 sm vor der Küste.

Um Beschädigungen der Netze sowie von Ruder und Schraube zu vermeiden, sollten Sportfahrzeuge dann vor allem während der Nacht und bei unsichtigem Wetter das Gebiet der Lachsfischerei meiden oder die Fischereifahrzeuge in mindestens 2 sm Abstand zu passieren.

Stellnetze stehen ganzjährig bis zu 3 sm vor der Küste und erfordern deshalb besondere Aufmerksamkeit. Die Netze sind durch Fähnchen markiert. Am Ende der Netze befindet sich unter dem roten Fähnchen ein weiteres Fähnchen in einer anderen Farbe.

Die Ansteuerungen zu den Häfen sind in einem Abstand von etwa 0,5 bis 1 sm beiderseits der Fahrwasserachse frei von Fischereigeräten.

Im *Stettiner Haff* (Zalew Szczeciński), *Camminer Bodden* (Zalew Kamieński) und *Dammschen See* (Jezioro Dąbie) wird im großen Umfang Fischerei mit ortsfesten Netzen betrieben. Einige Netze können eine Länge bis 900 m erreichen und stellen damit auch für die Sportschiffahrt eine ernsthafte Behinderung dar.

Am häufigsten trifft man Reusen an, die vom Grund bis zur Wasseroberfläche reichen. Sie müssen unbedingt umfahren werden. Ihre Enden sind mit Schildern in Form weiß-roter Rauten gekennzeichnet; die Passierseite wird durch die weiße Farbe markiert.

Rote Fähnchen an Stangen markieren Stellnetze, die bis zur Wasseroberfläche reichen. Das Ende dieser Netze wird durch 2 Fähnchen an einer Stange gekennzeichnet. Auch diese Anlagen dürfen nicht durchfahren werden.

Grundstellnetze werden durch schwarze Fähnchen markiert. Die Höhe dieser Netze beträgt bis zu 4 m über Grund. Wegen der regelhaft geringen Wassertiefe der Gewässer verbietet sich auch hier ein Durchfahren der Netzanlagen.

Die Fischereigeräte des Binnenbereichs sind nicht mit Warnlichtern versehen. Fahrten bei Nacht oder schlechten Sichtverhältnissen außerhalb der bezeichneten Fahrwasser müssen mit besonderer Vorsicht durchgeführt werden und dies schon deshalb, weil die Seekarten nicht in jedem Fall die tatsächlichen Netzstandorte richtig darstellen.

Umweltschutz

Das Gesetz über die Hoheitsgewässer der Republik Polen vom 18.4.1991 beinhaltet scharfe Umweltschutzvorschriften und verpflichtet jeden Schiffsführer zur strikten Beachtung dieser rechtlichen Vorgaben. Die örtlichen Hafengesetze und -ordnungen treffen detaillierte ergänzende Regelungen. Bei Nichtbeachtung drohen empfindliche Strafen, ggf. bis zu umgerechnet 3000 DM.

Die Hafenvorschriften für den Bezirk Stettin/Swinemünde schreiben dazu folgendes vor; sie gelten sinngemäß in sämtlichen polnischen Häfen.

§ 113

1.　Es ist verboten, Hafengewässer, -gelände, -objekte und andere Hafeneinrichtungen zu verschmutzen. Bei entstandener Verschmutzung sind die Verursacher oder Benutzer verpflichtet, diese zu beheben.

4.　Der Müll, d. h. die ständig anfallenden Schiffs- und Wirtschaftsabfälle, sind vor dem Verlassen des Hafens vom Schiff in entsprechende Sammelbehälter zu löschen. Der Müll muß in Plastiksäcken von der Mannschaft in die folgenden Einrichtungen gegeben werden:

1)　in die auf den Hafenkais aufgestellten Sammelbehälter,

2)　auf die Mülltransportmittel, die am Schiff bereitgestellt werden,

3)　auf eine Schute für Abfälle.

Sollte keine dieser Möglichkeiten bestehen, dann ist der Müll an Land abzugeben.

Ölhaltige Bilgeabwässer dürfen Grundsätzlich nur an den dafür vorgesehen Abgabestellen entsorgt werden. Gleiches gilt im Prinzip auch für Fäkaliien etc., wenn auch nicht übersehen werden kann, daß den Häfen die Entsorgung von Sportfahrzeugen praktisch noch nicht möglich ist.

Zeichen und Abkürzungen
in Seekarten – Auszug aus Karte 1 (INT 1)

Topographie

﹏﹏﹏	– Sandküste
	– Sumpf, Marsch, Vorland
⊤⊤⊤⊤⊤⊤	– Böschung
🯄	– Turm
🯅	– Schornstein
🯆	– Denkmal
↓ ↑	– Mast, Funkmast
↑	– Flaggenmast Signalmast
•—ร—•—	– Hochspannungsleitung

Häfen

▫ •	– Dalben, Pfahl
⚓	– Deviationsdalben
◁▷	– beleuchtetes Objekt*
⚓	– Kran
⊕	– Hafenamt
⊖	– Zollamt
– –▫– –	– Fähre*
◉	– Fischereihafen*
⑥	– Liegeplatzbezeichnung*

Hydrographie

⸗ 5,5m ⸗	– gebaggertes Gebiet mit Solltiefe
⫯⫰⫯	– Seetang, Seegras
✳ ✳ + ⊕	– Fels, Klippe, Stein
⇥	– sichtbares Wrack
⊕	– gefährliches Wrack
⌗	– Unrein

Navigation

Obstn ⫶⫶	– Schiffahrtshindernis
∿∿∿	– Unterwasserkabel*
⊤∿∿⊤	– Unterwasserkabelgebiet*
•→•→•	– Unterwasserrohrleitung*

2Bns ≠ 270°	– Deckpeilung, Richtlinie
⬥	– Rettungsstelle
Pgl ⊙	– Pegel
⊻	– Tafel
⊥	– Pfahl, Stange
⊥	– Bake
▲	– Spitztonne
◿	– Stumpftonne
◠	– Kugeltonne
◮	– Bakentonne
∫	– Spierentonne
◠	– Faßtonne
☆ ★	– Leuchtfeuer
!	– befeuerte Bake
⊙ RC.	– Kreisfunkfeuer*
+—+—	– Staatsgrenze*
⊤ ⊤ ⊤	– Naturschutzgebiet*

Leuchtfeuer

Ldg	– Richtfeuer
RLts	– Warnfeuer
RearLt	– Oberfeuer
FrontLt	– Unterfeuer
F	– Festfeuer
Oc	– Unterbrochen
Iso	– Gleichtakt
Fl	– Blitz
LFl	– Blink
Q	– Funkel
VQ	– schnelles Funkel
W	– Weiß
R	– Rot
G	– Grün
vert	– senkrecht
occas	– zeitweise
temp	– zeitweilig

Grundbezeichnungen

fS	– feiner Sand
M	– Schlick

Sonstiges

Anl	– Anleger
Bn	– Bake
NSG	– Naturschutzgebiet*
Schst	– Schornstein
SS(Traffic)	– Verkehrssignalstelle*
T	– Turm
Wk	– Wrack
zrst	– zerstört

* im Plan in Magenta dargestellt

21

Wind nach Richtung und Stärke

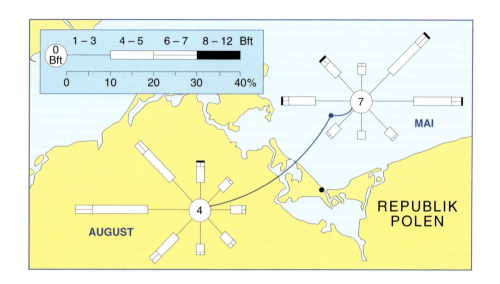

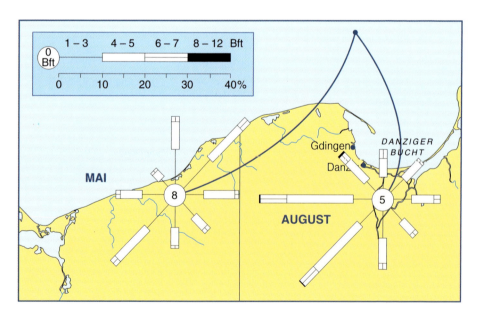

Hafen- und Revierbeschreibungen

Swinemünde (Świnoujście)

53° 54,5′ N | 014° 15,1′ E

Seekarten D (1514)   PL 4B   BSH- Sportbootkarte (3007)
Gewässerkarte im DSV-Verlag Stettiner Haff

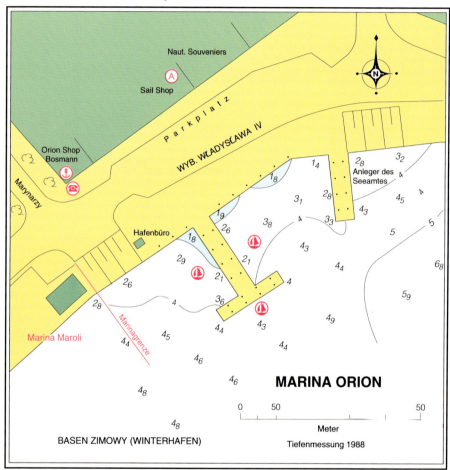

1 Swinemünde ist Hafenstadt und Seebad an der Mündung der Swine (Świna), dem westlichen Mündungsarm der Oder.

2 Liegemöglichkeiten bestehen im Vereinshafen VIER WINDE (gegenüber der Paß- und Zollkontrolle) sowie im Winterhafen (Basen Zimowy) bei den Anlegern ORION und MAROLI. Beide Anleger liegen etwa 200 m vom Stadtzentrum entfernt.
Das Liegen in anderen Hafenteilen ist verboten. Die Halbinseln Kosa und Zieliny O-lich des Winterhafens sind gesperrtes Militärgelände.

Leuchtturm   Vier Winde

Galeriebake

Zollanleger   Mühlenbake

Der Vier Winde Vereinshafen kann mit maximal 1,5 m Tiefgang angelaufen werden, Orion und Maroli Anleger haben mindestens 2, 8 m Wassertiefe, am Anleger Maroli können Sportboote jeder Größe festmachen. Der Vereinshafen Vier Winde ist malerisch gelegen aber eng und sollte deshalb nur mit Jollenkreuzern etc. angelaufen werden.

ORION wird von der Firma Shop Orion verwaltet. Die etwa 20 Liegeplätze an der T-förmigen Betonpier stehen Gästen zur Verfügung. Gastlieger müssen sich beim Hafenmeister anmelden.

Der Maroli Anleger grenzt umittelbar an das Gebiet des Orion-Anlegers und ist eine ca. 130 m lange Betonpier mit großen Autoreifenfendern.

Das Liegen an den Anlegern kann bei starken O- und S-Winden sehr unruhig sein. Bei allen anderen Winden sind die Liegeplätze gut geschützt.

 Das gut betonnte und befeuerte Fahrwasser erlaubt ein problemloses Anlaufen des Hafens auch bei Nacht. Die Weiterfahrt unter Segel in das Große Haff bei Nacht ist verboten (siehe Schiffahrtsvorschriften Seite 30), so daß dann in jedem Falle an den o. a. Liegeplätzen festgemacht werden muß.

Die Ansteuerung erfolgt mit 170,1° in der Richtfeuerlinie Młyny/Galeriowa (Mühlenbake/Galeriebake) (Oc (3). 20 s). Feuerträger des Unterfeuers und Tagmarke ist eine stilisierte weiße Windmühle auf dem zurückgesetzten seewärtigen Ende eines Leitdammes auf der Stb-Seite des Fahrwassers, das Oberfeuer ein 24 m hoher weißer runder Turm mit drei Galerien. Querab des roten achteckigen Turms des O-Molenfeuers (Oc.R.4 s) wird nach Bb. in das Hafenfahrwasser eingedreht.

Der niedrige Betonanleger der Paß- und Zollkontrolle befindet sich an der Ostseeseite des Fahrwassers in Höhe des auffälligen Beobachtungsturms. Kann dort wegen der Seegangsverhältnisse nicht festgemacht werden, erfolgt die Abfertigung an den Anlegern im Winterhafen.

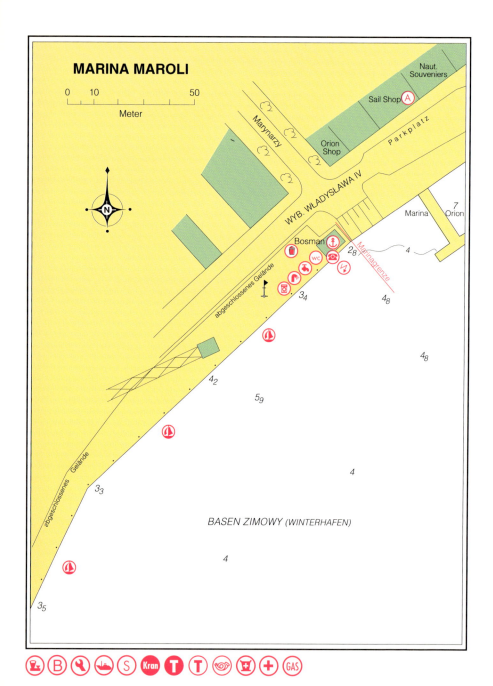

MARINA MAROLI

0   10   50

Meter

Marynarzy

Naut. Souveniers

Sail Shop (A)

Orion Shop

Parkplatz

WYB. WŁADYSŁAWA IV

Marina   7 Orion

Bosman

abgeschlossenes Gelände

wc

2₈   Marinagrenze

4

3₄

4₈

4₂

4₈

5₉

4

abgeschlossenes Gelände

3₃

BASEN ZIMOWY (WINTERHAFEN)

4

3₅

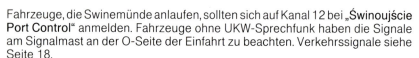

Fahrzeuge, die Swinemünde anlaufen, sollten sich auf Kanal 12 bei „**Świnoujście Port Control**" anmelden. Fahrzeuge ohne UKW-Sprechfunk haben die Signale am Signalmast an der O-Seite der Einfahrt zu beachten. Verkehrssignale siehe Seite 18.

Blick vom Kopf des Orion-Anlegers
auf Marina MAROLI

Im Mündungsbereich muß in Abhängigkeit von der Windrichtung mit u. U. starken Strom gerechnet werden. Mit Ausnahme bei starken O-Winden setzt der Strom vor der Mündung nach Osten, im Hafenfahrwasser mit Ausnahme bei starken NW-Winden immer nach außen. Der Strom kann bis zu 4 kn erreichen und das Anlegen am Zollanleger schwierig gestalten.

Bei der Einsteuerung in den Winterhafen ist auf Fähren zu achten, die alle 10 Minuten das Swine-Fahrwasser kreuzen. In Richtung Stettiner Haff (Zalew Szczeciński) queren bei Karsibór große Fähren das Fahrwasser in Abständen von 30 Minuten.

Für die Fahrt durch den Hafen Swinemünde und die Weiterfahrt durch das kanalisierte Fahrwasser Kaiserfahrt (Kanał Piastowski) sind spezielle Verkehrsvorschriften zu beachten (siehe Seite 28). Notwendige Freigaben erteilt die Kontrollstelle Caseburg, Ruf: **Control Karsibór**, UKW-Kanal 12.

 Alle Versorgungsmöglichkeiten in der Stadt. Wasser (und evtl. Strom) ist vorhanden. Sehr einfache sanitäre Einrichtungen bei Maroli, bei Orion keine. Straßentankstelle 200 m von den Anlegern.

 Hafenamt Swinemünde: Telefon 0-936/49 03, UKW-Kanäle 16, **12** und 71. ORION, ul. Władysława IV 28, 72-600 Swinemünde, Telefon 0-936/36 79. MAROLI, ul. Władysława IV, 72-600 Swinemünde, Telefon 0-936/58 35, UKW-Kanal 12, Rufname: *Marina MAROLI*

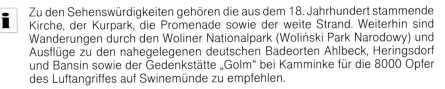 Zu den Sehenswürdigkeiten gehören die aus dem 18. Jahrhundert stammende Kirche, der Kurpark, die Promenade sowie der weite Strand. Weiterhin sind Wanderungen durch den Woliner Nationalpark (Woliński Park Narodowy) und Ausflüge zu den nahegelegenen deutschen Badeorten Ahlbeck, Heringsdorf und Bansin sowie der Gedenkstätte „Golm" bei Kamminke für die 8000 Opfer des Luftangriffes auf Swinemünde zu empfehlen.

Schiffahrtsvorschriften im Bereich Swinemünde – Stettin

In polnischen Gewässern gelten die Kollisionverhütungsregeln - KVR - (siehe Yachtpilot) und ergänzend die Vorschriften für Seewasserstraßen und Hafenordnungen etc. Zuständig für die Durchsetzung der erlassenen Regelungen ist der Hafenkapitän, dem alle anderen Hafendienste nachgeordnet sind.

Die folgenden Regelungen gelten in den Häfen im Bereich des Großen Haffs, der Divenow, die Häfen Stettin und Swinemünde, sowie den Fahrwassern zwischen diesen Häfen.

(Auszug aus der Anordnung Nr. 7 des Oberdirektors von Urząd Morski w Szczecinie (des Seeamtes in Stettin) vom 15.Juli 1981. (Amtsblatt Nr.5 des Volksrates der Woiwodschaft in Szczecin vom 30. Juli 1981, Pkt. 26))

§ 2

1. Die Vorschriften der vorliegenden Anordnung, die im weiteren Hafenvorschriften genannt werden, regeln die mit der Sicherheit der Schiffahrt sowie mit der Ordnung und Sauberhaltung zusammenhängenden Angelegenheiten innerhalb der Seehäfen im Zuständigkeitsbereich des Seeamtes Stettin (Urząd Morski w Szczecinie).

2. Die Hafenvorschriften gelten entsprechend auch für die Bereiche der Seeanlegestellen und der Ankerplätze, die außerhalb der Hafengebiete liegen, sowie innerhalb der Fahrwasser, die die obigen Ankerplätze mit den Hafengewässern verbinden.

3. Die Grenzen der Seehäfen und der Anlegestellen werden durch gesonderte Vorschriften bestimmt.

§ 3

Die Sanitär-, Zoll-, Brandschutz-, Funkverkehrs- und Arbeitsschutzangelegenheiten werden durch gesonderte Vorschriften geregelt.

§ 4

Der Bereich der Verhütung von Kollisionen wird von Internationalen Regeln zur Verhütung von Zusammenstößen auf See (KVR) geregelt, es sei denn, daß es in diesen Vorschriften anders vermerkt wird.

§ 5

Die Hafenvorschriften gelten für alle Schiffe, Wasserflugzeuge sowie deren Benutzer und andere Personen die sich in den durch § 2 Abs. 1 und 2 definierten Bereichen befinden.

§ 6

1. Die Nutzung der Seehäfen sowie deren Einrichtungen, die zur öffentlichen Nutzung vorgesehen sind, ist nur in Übereinstimmung mit den Regeln, die in den Hafenvorschriften sowie gesonderten Bestimmungen enthalten sind, erlaubt.

2. Die Hafeneinrichtungen können nach Erhalt der Erlaubnis vom Betreiber der

jeweiligen Einrichtung genutzt werden, es sei denn, daß es in den Hafenvorschriften anders festgelegt ist.

§ 7

1. Die Aufsicht und Kontrolle über die Einhaltung der Hafenvorschriften wird von den Hafenämtern ausgeübt.
2. Wenn in den Hafenvorschriften die Hafenämter (Kapitanate) erwähnt werden, so sind damit auch die Hafenmeistereien (Bosmanate) gemeint.
3. Für die Aufsicht und Kontrolle über das Einhalten der Hafenvorschriften in den Bereichen des Umweltschutzes und der Sauberhaltung der Hafengebiete ist auch der Umweltschutzdienst des Seeamtes Stettin) zuständig, für den die §§ 10, 11 und 13 dieser Anordnung entsprechend gelten.

§ 8

1. Der Verkehr innerhalb des Hafengebietes oder eines Teiles davon kann vom Hafenkapitän zeitweilig eingeschränkt oder vollständig gesperrt werden, wenn diese Maßnahmen für die Sicherheit notwendig sind.
2. Die angeordnete Einschränkung oder Vollsperrung des Verkehrs wird vom Hafenkapitän wie folgt mitgeteilt:
   1) wenn der Schiffsverkehr betroffen ist, entsprechend der im § 44 vorgeschriebenen Art und Weise,
   2) wenn der Verkehr an den Kais, Brücken und Anlegestellen betroffen ist, durch Benachrichtigung der Nutzer der Anlagen und Ankerlieger.
3. In den Fällen,des § 8 Abs. 2 Pkt. 2 sind die Betreiber der Hafeneinrichtungen, verpflichtet, entsprechende Informations- und Warnschilder anzubringen.

§ 9

1. Die Schiffsführer und alle anderen Personen, die die Häfen und deren Einrichtungen nutzen oder aus anderen Gründen auf dem Gelände verweilen, sind verpflichtet, die Ordnungs- und die Sicherheitsbestimmungen einzuhalten, die der Hafensicherheit dienen, sowie die Vermeidung von Schäden an Hafeneinrichtungen, von Unterbrechungen im Hafenbetrieb wie auch von Schädigungen Dritter zum Inhalt haben.
2. Die Schiffsführer sind verpflichtet, jede Havarie eines Schiffes, Schäden an Hafeneinrichtungen sowie jede Verschmutzung der Hafengewässer, die sie wahrgenommen haben, dem Hafenamt zu melden.

§ 10

1. Die im Hafen Beschäftigten sowie die den Hafen und seine Einrichtungen nutzenden Personen sind verpflichtet, die Beamten des Hafenamtes bei der Ausübung ihrer Dienstpflichten zu unterstützen und auf Anforderung jede Information zu geben.
2. Bei Aufforderung eines Beamten des Hafenamtes hat der Schiffsführer bzw. dessen Stellvertreter die Schiffs- und Besatzungsdokumente vorzulegen.

§ 11

1. Die Beamten des Hafenamtes sind während der Dienstzeit berechtigt, Schiffe,

deren Laderäume sowie Lagerplätze, -räume und andere Hafeneinrichtungen und -objekte zwecks Kontrolle auf Einhaltung der Hafenvorschriften zu betreten.

2. Jedes Schiff ist verpflichtet, auf Anweisung eines Beamten des Hafenamtes anzuhalten, am angewiesenen Platz anzulegen und die Fahrt zu unterbrechen.

§ 13

1. Die Beamten des Hafenamtes haben das Recht, Anweisungen zu erteilen, um Gesundheit und Leben von Menschen zu schützen, drohenden Gefahren für die Umwelt, die Schiffe, Hafeneinrichtungen und die Ladungen vorzubeugen sowie im Bedarfsfall die zuständigen Dienststellen um Hilfe zu bitten.
2. Alle Personen, die sich auf dem Hafengelände befinden, sind verpflichtet, die im § 13 Abs. 1 genannten Anweisungen der Beamten des Hafenamtes zu befolgen.
3. Die Anweisungen des Beamten des Hafenamtes, die die Ordnung und Hafensicherheit betreffen, sind sofort auszuführen, es sei denn, es wurde ein anderer Termin zu ihrer Ausführung festgelegt.

§ 24

Ein Segelschiff mit einer Gesamtlänge von weniger als 7 m darf nur dann seine Fahrt in der Nacht fortsetzen, wenn entweder die Seitenlichter und das Hecklicht oder die Dreifarbenlaterne gezeigt werden.

§ 44

1. Jedes Schiff ist verpflichtet, die Signale einer Verkehrssperrung im Hafen zu beachten.
2. Das absolute Einlaufverbot in den Hafen auf Grund einer ernsten Gefährdung der Sicherheit der Schiffahrt wird für Schiffe durch folgende Signale angezeigt:

    bei Nacht: drei rote Lichter senkrecht.

    am Tage: drei schwarze Bälle senkrecht.
3. Bei normalen Verkehrsbedingungen kann der Hafen folgende Signale zeigen:
    1) Einlaufverbot in den Hafen:

        bei Nacht: ein weißes Licht zwischen zwei roten Lichtern senkrecht

        am Tage: ein schwarzer Kegel Spitze oben zwischen zwei schwarzen Bällen senkrecht.
    2) Auslaufverbot aus dem Hafen:

        bei Nacht: ein weißes Licht zwischen zwei grünen Lichtern senkrecht,

        am Tage: ein schwarzer Kegel Spitze oben zwischen zwei schwarzen Kegeln Spitze unten senkrecht.
    3) Ein- und Auslaufverbot sowie dauernde Sperrung des Verkehrs im Hafen:

        bei Nacht: ein weißes Licht unter einem grünen und über einem rotem Licht senkrecht.

        am Tage: zwei schwarze Kegel Spitzen zueinander über einem schwarzen Ball senkrecht.
4. Die Signale werden an einem Signalmast des Hafenamtes oder durch einen Beobachtungsposten gezeigt und in einer Höhe, die Verwechslungen mit anderen Signalen ausschließen.

§ 113

1. Es ist verboten, Hafengewässer, -gelände, -objekte und andere Hafeneinrichtungen zu verschmutzen. Bei entstandener Verschmutzung sind die Verursacher oder Benutzer verpflichtet, diese zu beheben.

4. Der Müll, d. h. die ständig anfallenden Schiffs- und Wirtschaftsabfälle, sind vor dem Verlassen des Hafens vom Schiff in entsprechende Sammelbehälter zu löschen. Der Müll muß in Plastiksäcken von der Mannschaft in die folgenden Einrichtungen gegeben werden:

   1) in die auf den Hafenkais aufgestellten Sammelbehälter,

   2) auf die Mülltransportmittel, die am Schiff bereitgestellt werden,

   3) auf eine Schute für Abfälle.

   Sollte keine dieser Möglichkeiten bestehen, dann ist der Müll an Land abzugeben.

§ 127

9. Alle Schiffe in Fahrt, von den Ankerplätzen auf See bis zum Festmachen im Hafen von Swinemünde (Świnoujście) oder Stettin (Szczecin) und umgekehrt, vom Ablegen bis zum Verlassen der Ankerplätze, haben ständig den Funkverkehr auf UKW-Kanal 12 - im Falle des Ausfalls des UKW-Betriebes auf der Mittelwellenfrequenz 2.182 kHz - mitzuhören und sind verpflichtet, ein betriebsbereites Radargerät von Sonnenuntergang bis Sonnenaufgang sowie auch bei verminderter Sicht zu betreiben.

10. Schiffe müssen, wenn sie sich in den Verkehr auf den Fahrwassern und den Häfen Swinemünde und Stettin ein- oder ausgliedern wollen, dies über UKW-Kanal 12 mitteilen. Schiffe in Fahrt von den Ankerplätzen auf See bis zum Torfeuer 1 (Brama Torowa 1) melden sich beim Hafenamt in Swinemünde, Schiffe von Torfeuer 1 bis zum Hafen von Stettin melden sich beim Hafenamt in Stettin.

11. Schiffe, die sich in Fahrt im Fahrwasser befinden, müssen sich in Höhe folgender Positionen über UKW-Kanal 12 melden:

    1) O-licher Molenkopf von Swinemünde - dem Hafenamt in Swinemünde,

    2) Verkehrskontrollposten -
       dem Verkehrskontrollposten in Pölitz (Police).

    Für Schiffe in Richtung Stettin: Pölitz

    3) Hafenbecken Mulnik - dem Verkehrsposten in Caseburg (Karsibór),

    4) Torfeuer 4 (Brama Torowa 4) - dem Verkehrsposten in Pölitz

    5) N-liches Ende des Kais Huk - dem Hafenamt in Stettin.

    Für Schiffe in Richtung Swinemünde:

    6) Torfeuer 1 - dem Verkehrsposten in Caseburg,

    7) Oberbake Paprotno - dem Verkehrsposten in Caseburg

    Schiffe müssen sich von jeder Position des Fahrwassers beim nächsten Wachdienst des Hafenamtes melden, sollte die Einhaltung der Verkehrssicherheit es erfordern.

§ 128

Kleine Schiffe, wie Arbeitsmotorboote, Fischkutter, Sportfahrzeugen und ähnliche Wasserfahrzeuge, die über keinerlei Kommunikationsmittel verfügen, dürfen in den Hafen ohne vorherige Erlaubnis des Hafenamtes einlaufen, es sei denn, die gezeigten Verkehrssignale verbieten es.

§ 138

1. Der Oderabschnitt zwischen der Produktionswerft und den Inseln Górna Okrętowa und Dolna Okrętowa ist für den Schiffsverkehr gesperrt. Ausnahmen erteilt das Hafenamt.

§ 139

1. Der Verkehr im Bereich der Hafengewässer sowie des Fahrwassers Swinemünde - Stettin ist für Sportfahrzeuge, mit Ausnahme von Sportfahrzeugen, die in den Hafen einlaufen oder diesen verlassen wollen, gesperrt.

2. Sportfahrzeugen unter Segel ist die Fahrt von Swinemünde zum Stettiner Haff (Zalew Szczeciński) und zurück nur am Tage erlaubt. Sportfahrzeuge, die die Kaiserfahrt (Kanał Piastowski) befahren, haben sich an der aus ihrer Sicht rechten Seite des Fahrwassers in grader Linie zu halten, ohne zu kreuzen.

3. Sportfahrzeugen, die aus dem Hafen von Stettin oder vom Dammscher See (Jezioro Dąbie) Richtung Stettiner Haff oder umgekehrt fahren, sollen den Iński Nurt (Inski Strom) und den W-lichen Oderarm über Ciasny Nurt und Wiski Nurt benutzen. Die Querung der Seefahrtstraße (Oder) ist nur am Iński Nurt und an der N-lichen Spitze der Insel Wielki Karw erlaubt. Im Bereich des Großen Haffs und der Odermündung können Sportfahrzeugen unter größter Vorsicht das Fahrwasser überqueren, wobei alle Schiffe im Fahrwasser Swinemünde - Stettin Wegerecht haben.

§ 140

Den unter § 139 genannt Fahrzeugen ist ein Kreuzen in einer Entfernung unter 1000 m vor dem Bug eines Schiffes untersagt, wenn dieses sich im Fahrwasser Swinemünde - Stettin zwischen der S-lichen Huk der Halbinsel Kosa in Swinemünde und dem Bunkerkai Huk in Stettin befindet. In den übrigen Bereichen sowie in den Häfen Swinemünde und Stettin ist eine Entfernung von 500 m nicht zu unterschreiten.

Hinweis: Verkehrssignale in polnischen Häfen siehe auch Seite 18.

Dievenow (Dziwnow)

54° 01,3′ N | 014° 44,0′ E

Seekarten D 151   PL 202

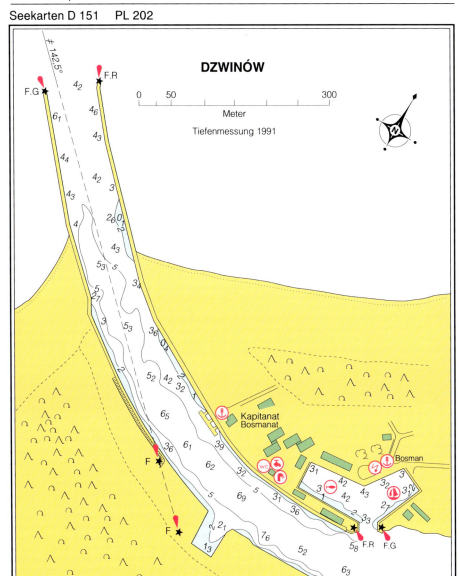

PL 02

DZWINÓW

0   50   300

Meter

Tiefenmessung 1991

142,5°

F.R

F.G

4_2

4_6

6_1

4_3

4_4

4_2 3

4_3

2_6 0_1
2

4_3

4

5_3 5

5
2_7

3

5_3

3_4

3_6 0_4

5_2 4_2 2
3_2 1

6_5

F

3_6 6_1 3_9

6_2

3_2

5 6_9 5 3_1 3_6

F

2_1

7_6

1_3

5_2

6_3

Kapitanat
Bosmanat

WC

3_1

3_1 4_2
1 4_2 4_3

Bosman

3_2 3
3_2 3_1
2_7

5_8 F.R   F.G

2_3 3_3

33

Brücke

Zoll-Anleger

Dievenow-Mündung

 Erholungsort mit Fischereihafen ca. 17 sm östlich von Swinemünde am O-Ufer der Dievenow (Dziwna). Die Dievenow ist der östliche Mündungsarm der Oder und stellt für Fahrzeuge bis 1,65 m Tiefgang über den Camminer Bodden (Zalev Kamienski) eine Verbindung mit dem Stettiner Haff (Zalew Szczeciński) her. Näheres siehe PL 25.

 Gastliegeplätze findet man an den Kajen im O-Teil des Fischerreihafens mit Wassertiefen bis zu 3 m. Hier können etwa 10 Boote festmachen. Anmeldung über UKW-Sprechfunk wird empfohlen.

 Wassertiefe in der Zufahrt ca. 4 m. Bei der Einsteuerung ist besondere Vorsicht geboten, da sich die Tiefen durch Versandungen häufig ändern. In Verlängerung der O-Mole betragen die Wassertiefen zeitweise nur 1,5 m. Es kommt auch zu Versandungen an der Wurzel der O-Mole innerhalb der Einfahrt. Bei der Einsteuerung halte man deshalb mehr die Westseite des Fahrwassers.
Die Ansteuerung ist bei Tag und bei Nacht möglich und bereitet bis Windstärke 6 Bft keine Probleme. Zwei Sperrgebiete sind zu beachten, deren Grenzen sich in ca. 2 sm Abstand beiderseits der Ansteuerung befinden.
Die rot-weiße Ansteuerungstonne *DZI* mit Balltoppzeichen und LFl.10 s liegt rd 2,5 sm WNW vor der Hafeneinfahrt. Eine befeuerte Richtlinie leitet von dort mit 142,5° bis zwischen die weit vorgebauten Molen, deren Köpfe befeuert sind. Der weiße Gitterturm des Unterfeuers trägt als Tagmarke eine weiße Raute, der rot-weiß waagerecht gestreifte Gitterturm des Oberfeuers ein senkrechtes weißes Rechteck; beide Feuer zeigen fest Weiß. Bei Störungen wechselt die Kennung der Molenfeuer von F.R. bzw. F.G. in Fl.R. 5 s bzw. Fl.G.5 s.
Am O-Ufer befindet sich das Hafenamt mit Anleger, wo die Paß- und Zollkontrolle erfolgt, 300 m weiter an Bb. die befeuerte Einfahrt in den Fischereihafen.
In Richtung Stettiner Haff verbindet 500 m weiter eine Straßenklappbrücke die

Insel Wollin (Wolin) mit dem Festland. Brückenöffnung zu jeder vollen Stunde. Eine feste Brücke mit 12,4 m Durchfahrtshöhe befindet sich bei Wollin nahe der Einmündung in das Große Haff.

 Versorgungsmöglichkeiten im nahen Ort West-Dievenow ca. 500 m vom Hafen, Strom- und Wasseranschluß sowie sanitäre Einrichtungen sind vorhanden, bei den Fischern ist ggf. auch Diesel zu erhalten. Eine Werft mit Slip für Fahrzeuge bis 20 m Länge befindet sich 450 m hinter der Brücke.

 Hafenkapitän: Telefon 0928-13111/54, Hafenmeister: Telefon 0928-13111/40, UKW-Kanäle 16, **12** und 71.

 Sehr gute Sandstrände beiderseits der Mündung. Strand und Dünen sind Naturschutzgebiet. Zu empfehlen ist ein Besuch des Woliner Nationalparks (Woliński Park Narodowy), zu dem stündlich Busse fahren.

Ost-Deep (Mrzeżino) PL 03
54° 08,7′ N | 015° 17,4′ E

Seekarten D 151, 145   PL 202

 Idyllischer Badeort und kleiner Fischerhafen an der Regamündung.

 Liegemöglichkeiten an einer Betonpier an der Ostseite des Flusses und im Fischereihafen am Südender der Pier.

 Der Hafen kann bei ruhigem Wetter von Fahrzeugen bis maximal 2 m Tiefgang angelaufen werden. Die Ansteuerung erfolgt mit 181° in der Richtfeuerlinie (F. | F.) bis zwischen die weit vorgebauten Molen, deren Köpfe mit F.R bzw. F.G befeuert sind. Feuerträger der Richtfeuerlinie sind weiße Gittertürme am West-ufer der Einsteuerung, die als Tagmarken weiße, rot umrandete Dreiecke tragen. Nahe der Wurzel der Ostmole befindet sich der 6 m hohe Gitterturm des Ost-Deep Leuchtfeuers (Oc(2).R.G.10 s). Von dort wird auch das Nebelsignal (Morse) **P** gegeben.
Die Einfahrt neigt stark zur Versandung. Es darf deshalb nur mit großer Vorsicht und nur bei ruhigen Seegangsverhältnissen eingesteuert werden. Dabei ist nach Passieren des W-Molenkopfes die W-Seite zwischen Fahrwasserachse und Mole zu halten. In Höhe der Wurzel der Ostmole kann dann direkt Kurs auf die Pier genommen werden.
Durch UKW-Kontakt sollte man sich ggf. über die Tiefenverhältnisse kundig machen, polnische Sprachkenntnisse vorausgesetzt..

 Eingeschränkte Versorgungsmöglichkeiten im nahen Ort, Wasser- und Strom im Fischerhafen. Zoll- und Grenzkontrolle sind obligatorisch.

 Hafenmeister: Telefon 661 19, UKW-Kanäle **16**, 12 und 71.

Kolberg (Kołobrzeg) PL 04
54° 10,9′ N | 015° 33,5′ E

Seekarten D 151, 145   PL 202

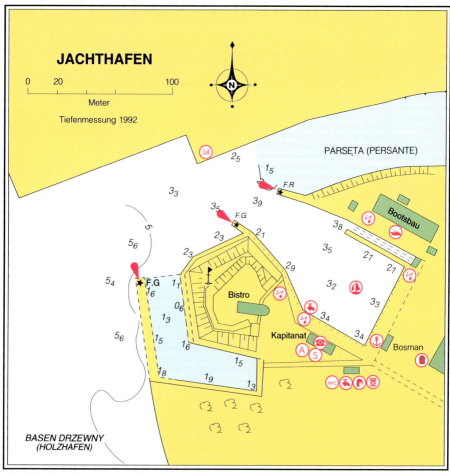

JACHTHAFEN

0   20   100
Meter
Tiefenmessung 1992

PARSĘTA (PERSANTE)

Bootsbau

Bistro

Kapitanat

Bosman

BASEN DRZEWNY
(HOLZHAFEN)

Kolberg ist Fischerei, Handels- und Marinehafen an der Mündung der Persante (Parsęta) mit einem Jachthafen im Süden des Hafengebietes. Bis zum Stadtzentrum sind es von dort rd. 800 m.

Liegemöglichkeiten im 2 m tiefen und gut geschützten Yachthafen unmittelbar östlich des alten Forts. Anmeldung beim Hafenmeister des Jachthafens, der auch den Liegeplatz zuweist.

Die r-w Ansteuerungstonne mit Balltoppzeichen KOL und LFl.10 s liegt 3 sm NNW-lich der Hafenmolen. Von dieser Tonne hält man mit etwa 140° auf die

Leuchtturm

Persante-Mündung mit Südmole

Hafeneinfahrt zu. Die Einsteuerung zwischen die weit vorgebauten Molen erfolgt mit ca. 125°. Die Molenköpfe sind mit Oc.R.4 s bzw. Oc.G.4 s befeuert, Feuerträger auf der O-Mole ist ein 12 m langer weißer Pfahl mit rotem Band, auf der W-Mole ein 8 m hoher, runder, grüner Turm mit zwei Galerien. Als Nebel-signal wird von der Ostmole alle 30 s der Morsebuchstabe **K** mit einem Membransender gegeben. Auf dem O-Ufer der Einfahrt steht der 30 m hohe, wuchtige, rote Leuchtturm Kolberg (Fl.3 s).

Bei Ö-lichen Winden setzt ein Küstenstrom nach Westen, bei W-lichen Winden nach Osten. Dieser quer zur Hafeneinfahrt setzende Strom kann bis zu 3 kn erreichen. Dazu kommt ein auslaufender Strom mit durchschnittlich 1 kn, nach starken Regenfällen bis zu 3 kn. Bei starken auflandigen Winden können dann schnell schwierige Seegangsverhältnisse in der Einsteuerung auftreten.

Alle Möglichkeiten der Versorgung in der Stadt in ca. 400 m Entfernung. Wasser und Strom, sanitäre Einrichtungen und eine Waschmaschine sind im Yachthafen vorhanden. Diesel im Fischereihafen auf der Westseite des Flusses.

Schiffsausrüster, Segelmacher und Werkstätten für Reparaturen sind vorhan-den, die Gaststätte des örtlichen Segelklubs befindet sich im Fort. Bei der Beschaffung von Benzin, Diesel und weiteren Leistungen hilft ggf. der Hafen-meister.

Die Grenz- und Zollstelle befindet sich am Ostufer beim Hafenamt

Hafenamt Kolberg: UKW-Kanäle **12**, 14 und 16, Rufname: Kapitanat Portu Kołobrzeg

Jachthafen, UKW-Kanal 12, Rufname: Yacht Harbour Kołobrzeg, Telefon 24 301.

Zu den besonderen Sehenswürdigkeiten der Stadt gehören der gotische Mariendom, das Rathaus, das Gebäude des heutigen Heimatmuseums und der Pulverturm. Weiterhin sind der Strand und Kurpark zu empfehlen.

Rügenwalde (Darłowo)　　　PL 05

54° 26,4′ N | 016° 23,1′ E

Seekarten D 145　　PL 202

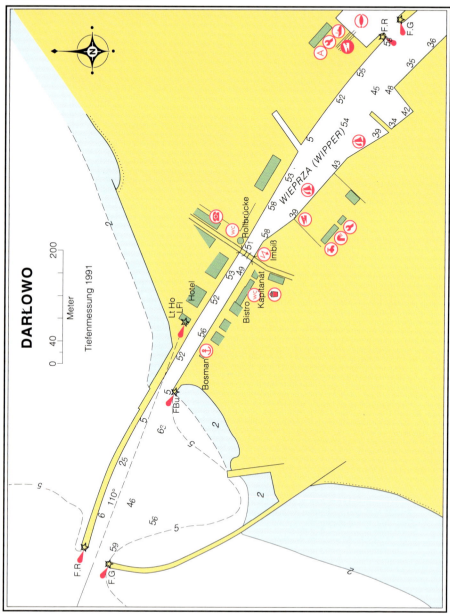

38

Brücke

Wipper-Mündung

 Rügenwalde ist Badeort mit einem Hafen an der Mündung der Wipper (Wieprza) und einem Handelshafen ca. 1,5 sm flußaufwärts.

 Liegmöglichkeiten bestehen rd. 500 m hinter der Mündung am Westufer hinter einer Klappbrücke im Ortsteil Darlokow. Die Wassertiefe an den Liegeplätzen beträgt ca. 4 m. Liegeplatzzuweisung durch den Hafenmeister.

 Rügenwalde hat keine Ansteuerungstonne. Bis vor die Molen des vor der Strandlinie liegenden geräumigen Vorhafens, im Vorhafen und dem Fluß-fahrwasser findet man Wassertiefen über 5 m. Wegen der stark veränderlichen Wassertiefen beiderseits der Molen sollte der Hafen außerhalb der 10 m Tiefenlinie angesteuert werden, bis mit rd. 110° in die Hafeneinfahrt ein-gesteuert werden kann. Die Molenköpfe sind mit F.R bzw. F.G befeuert, Feuer-träger sind ca. 8 m hohe Gittermasten.
Markante Ansteuerungsmarke ist neben den beiden Kirchtürmen der Stadt Rügenwalde der 21 m hohe, rote, viereckige Leuchtturm mit weißer Laterne (LFl(2).15 s) nahe der Wurzel der Ostmole.
Quer vor den Molenköpfen läuft ein Küstenstrom, der seine größten Geschwin-digkeiten von bis zu 3 kn bei küstenparallelen Winden erreicht. Er läuft bei W-lichen Winden nach NO und bei Ö-lichen Winden nach SW. Im Flußgebiet findet man fast immer auslaufenden Strom. Um nicht auf die Molenköpfe gesetzt zu werden, sollte mit guter Fahrt in den Vorhafen eingelaufen werden.
Ist ein gefahrloses Passieren von sich begegnenden Fahrzeugen nicht möglich, muß das einlaufende Fahrzeug warten.
Zur Grenz- und Zollabfertigung ist vor dem Hafenamt am Westufer vor der Brücke festzumachen. Die Brücke öffnet zur jeder vollen Stunde. Die Brücken-signale sind zu beachten!

Alle Möglichkeiten der Versorgung . Ein Stromanschluß befindet sich neben der Brücke. Von 7.00 Uhr bis 15.OO Uhr können die sanitären Einrichtungen des Betriebes an den Liegeplätzen im Winterhafen benutzt werden. Öffentliche Toiletten befinden sich auf beiden Seiten in Nähe der Brücke. Gaststätten und Kaufmann in Hafennähe vor der Brücke. Reparaturen können von der Werft im Fischereihafen ausgeführt werden. In der Werft bekommt man Schiffsausrüstungen und Dieselkraftstoff. Zur nächsten Straßentankstelle sind es 1500 m.

 Hafenamt Telefon 2683, Hafenmeister: Telefon 2485, UKW-Kanäle **12** und 16, Rufname: „Darłowo Harbour.

 Viele historische Bauten im 3 km entfernten Zentrum von Rügenwalde. Jeweils Donnerstag fährt ein Tragflächenboot in 2 Stunden nach Neksø, Bornholm. Abfahrtzeit 09.00 Uhr, Rückkehr 19.00 Uhr.

Stolpmünde (Ustka)

54° 35,3′ N | 016° 51,3′ E

Seekarten D 145   PL 202

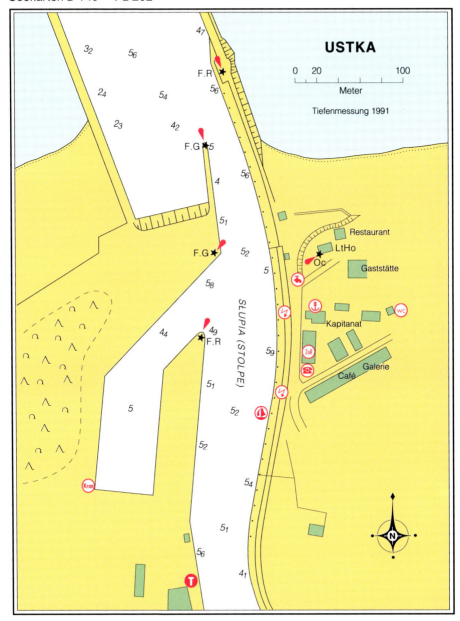

Dalben

Mündung der Stolpe

 1 Großer Fischereihafen an der Mündung der Stolpe(Słupia).

 Liegemöglichkeiten auf mindestens 4 m Wasser an der Pier des Flußhafens flußaufwärts des Hafenamtes. Die Zuweisung der Liegeplätze erfolgt durch den Hafenmeister nach der Grenz- und Zollabfertigung.

 Stolpmünde hat keine Ansteuerungstonne. Wichtigste Ansteuerungsmarke ist der 22 m hohe, rote, achteckige Leuchtturm Stolpmünde mit weißer Laterne (Oc. 6 s). Bei der Ansteuerung ist ein bis 12 sm vor die Küstenlinie reichende zeitweilige Sperrgebiet unmittelbar W-lich des Hafens zu beachten. Ist das Sperrgebiet aktiv, darf der Hafen mit nicht weniger als 170° angesteuert werden. Auskünfte zum Sperrgebiet gibt das Hafenamt über UKW.
Vor der Strandlinie und vor dem eigentlichen Hafen liegt der durch weit vorgebaute Molen gebildete Vorhafen. Die Molenköpfe sind befeuert mit Iso.R.6 s bzw. Iso.G.6 s, Feuerträger sind rd. 10 m hohe Pfähle. Mitten im Vorhafen steht am Ostrand des Fahrwassers ein unbefeuerter Dalben.
Eine Küstenströmung setzt entsprechend der Windrichtung quer zur Einsteuerung und erreicht bis zu 2 kn. Bei starken bis stürmischen auflandigen Winden hat man schwierige Seegangsverhältnisse in der Einfahrt zu erwarten, die ein Einlaufen u. U. unmöglich machen. An einem Signalmast nahe dem Leuchtturm werden Verkehrssignale gezeigt (siehe Seite 20).

 Gute Versorgungsmöglichkeiten in der nahen Stadt. Gaststätten befinden sich in Hafennähe, eine Straßentankstelle in 1 km Entfernung. Reparaturen sind auf der Werft am Westufer möglich.

 Hafenamt: Telefon 144533, UKW-Kanal 12, Rufname: „Kapitanat Portu Ustka".

Teilansicht vom Słowińzki Park Narodowy (Słowińzki Nationalpark)

 Ein kleines Museum und gut erhaltene Häuser sind Zeugnisse der alten Schiffahrts- und Fischereigeschichte der Stadt. Busverbindungen bestehen nach Stolp (Słupsk) und zum Welt-Biosphärenreservat des Słowiński Park Narodowy (Słowiński Nationalpark) mit den größten Wanderdünen Mitteleuropas, die sich mit ca. 10 m im Jahr fortbewegen.

Leba (Łeba)

54° 45,7' N | 017° 33,2' E

Seekarten D 145　　PL 202

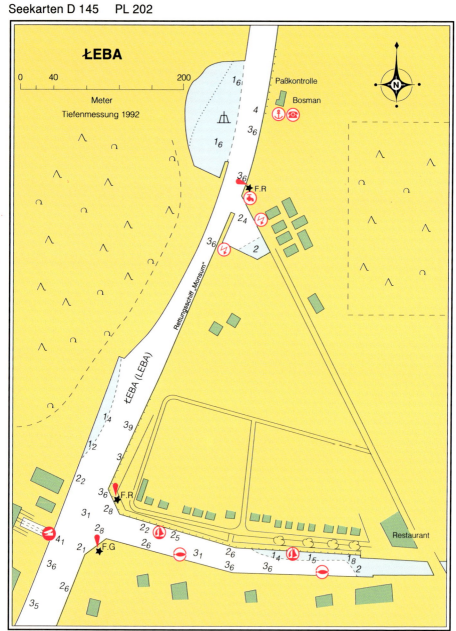

Zufahrt zu den Liegeplätzen

Einsteuerung nach Leba

 Badeort und Fischereihafen an der Mündung des gleichnamigen Flusses.

 Liegmöglichkeiten in einem Sticharm ca. 1 km nach Passieren der Molenköpfe, Wassertiefe an den Liegeplätzen ca. 2 m.

 Der Hafen sollte nach Versandung der Baggerrinne nur noch von Fahrzeugen mit bis zu 2 m Tiefgang angelaufen werden. Sportboote können sich über UKW beim Hafenamt über die tatsächlichen Tiefenverhältnisse in der Einsteuerung und im Flußhafen informieren. Eine auffällige Landmarke für der Ansteuerung ist das Kurhaus von Leba unmittelbar am Strand O-lich des Hafens. Dicht W-lich des Hafens ist ein ständiges Sperrgebiet zu beachten.
Ca. 1,2 sm N-lich des Hafens liegt eine r-w Ansteuerungstonne mit Balltopp-zeichen und LFl.10 s. Spätestens dort muß eine 165° Richtlinie aufgenommen werden, die zwischen die beiden vorgebauten Schutzmolen der Einsteuerung führt. Die Richtbaken stehen am Ostufer der Hafenmündung. Es sind weiße Gittertürme, die als Tagmarken weiße, rot umrandete Dreiecke und Richtfeuer Oc.Or.10 s tragen. Die Richtlinie führt über eine stellenweise nur 4 m tiefe Bank und muß genau eingehalten werden, da sich beiderseits der Richtlinie Flach-wassergebiete befinden, die im Bereich des West-Molenkopfes mit weniger als 2 m Wasser bis dicht an das Fahrwasser reichen. Die Molenköpfe sind mit Fl.R.4 s bzw. Fl.G.4 s befeuert, Feuerträger sind rd. 8 m hohe Pfähle mit einer Galerie.
Mit dem Wind setzt ein zeitweise starker küstenparalleler Strom. Wassertiefen-und Strömungsverhältnisse führen dazu, daß die See bei starken auflandigen Winden sehr schnell in der Zufahrt und vor allem im Bereich der Molenköpfe brandet und für tiefgehende Fahrzeuge die Gefahr des Durchsetzens besteht.

Der Hafen sollte bei diesen Verhältnissen nicht angelaufen werden. Ca. 250 m nach Passieren der Molenköpfe ist für die Grenz- und Zollabfertigung vor dem Hafenamt festzumachen. Zu den Gastliegeplätzen im Nebenarm sind es von dort noch rd. 600 m.

 Gute Versorgungsmöglichkeiten im Ort. aber keine Einrichtungen bei den Liegplätzen. Nach Absprache sind Wasser und Dieselkraftstoff bei den Fischern flußaufwärts Westseite zu erhalten. Bis zur Straßentankstelle sind es 2 km. Reparaturarbeiten sind auf der Werft möglich.

 Hafenamt: Telefon 661 460, UKW-Kanäle 12 und 14, Hafenmeister: Telefon 661 530.

 Zwischen 10.00 Uhr und 16.00 Uhr fahren stündlich Busse zum Słowiński Park Narodowy (Słowiński Nationalpark, siehe PL 06).

Großendorf (Władysławowo) PL 08

54° 47,9′ N | 018° 25,3′ E

Seekarten D (1443)   PL 201

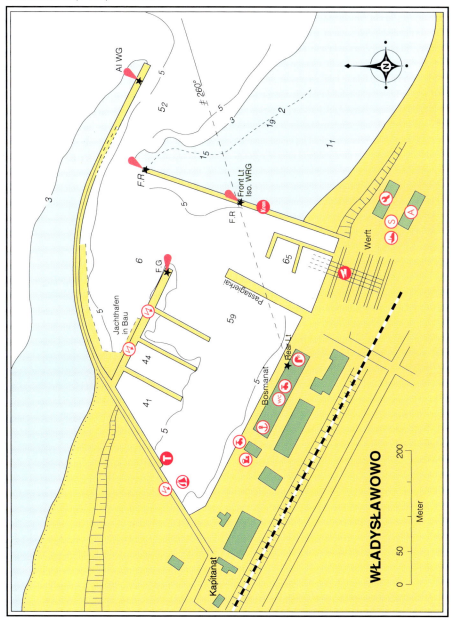

Hafen von Großendorf

Untiefe

 Großer Fischerei und Schutzhafen an der seeseitigen Wurzel der Halbinsel Hela (Hel). Der Hafen ist ausschließlich auf die Belange der Fischerei eingerichtet.

 Liegemöglichkeiten auf 4 m Wassertiefe für Sportboote befinden sich an der Wurzel der 700 m langen N-Mole, N-lich der Mittelmole ist ein Sportboothafen in Bau. Liegplatzzuweisung erfolgt durch den Hafenmeister, der auch die Zoll- und Grenzbehörden informiert.

 Die r-w Ansteuerungstonne WLA liegt rd. 0,7 sm O-lich der Hafeneinfahrt. Die Tonne hat ein Balltoppzeichen und zeigt als Feuer LFl.10 s. Von der Tonne läuft man in der 260° Richtfeuerlinie (U-F: Iso.R.4 s | O-F: Iso.R.6 s) bis die Hafenein- fahrt in 300° gut offen ist und dreht dann in den Hafen ein. Feuerträger des U- F ist ein Gitterturm mit grünem Viereck als Tagmarke. Das Oberfeuer befindet sich auf dem Dach des Kühlhauses. Am Tage wird die Richtlinie aus dem U-F- Träger und dem auffälligen viereckigen Turm mit Spitzdach in Verlängerung der Richtfeuerlinie gebildet.
N-lich und in der SO-lichen Verlängerung der Nordmole liegen flache Bänke mit schwierigen Seegangsverhältnissen bei starken auflandigen Winden. Bei sol- chen Windverhältnissen sollte dieser Bereich unbedingt gemieden werden. 1993/94 fanden Bauarbeiten zur Verlängerung der Mole statt.
Beide Molenköpfe sind befeuert. Feuerträger auf der Nordmole ist ein 13 m hoher Turm mit Galerie und Kuppel, der ein Wechselfeuer weiß und grün mit der Mischkennung Blink (2) und Unterbrochen Grün.

 Versorgungsmöglichkeiten im Ort. Sanitäre Einrichtungen, Wasser und Strom entsprechenden den Bedürfnissen der Fischer, Diesel ist bei der Bunkerstation zu bekommen, die Entfernung zur nächsten Straßentankstelle beträgt 1,5 km. In der Werft und in den Werkstätten können alle Reparaturen durchgeführt werden.

URZAD Morski w Gdyni, Kapitanat Port 84-120 Władysławowo,
Telefon 740 486 (Fax), Hafenmeister: UKW-Kanäle 16 und 10, Rufname: „Portu
Władysławowo", Telefon 740 264.

 Guter Badestrand. Ausflüge auf die Halbinsel Hela mit Strand, Dünen und
Wäldern sind zu empfehlen.

Stettin (Szczecin)   PL 09

53° 28,5′ N | 014° 36,4′ E

Seekarten D (1515)   PL 21

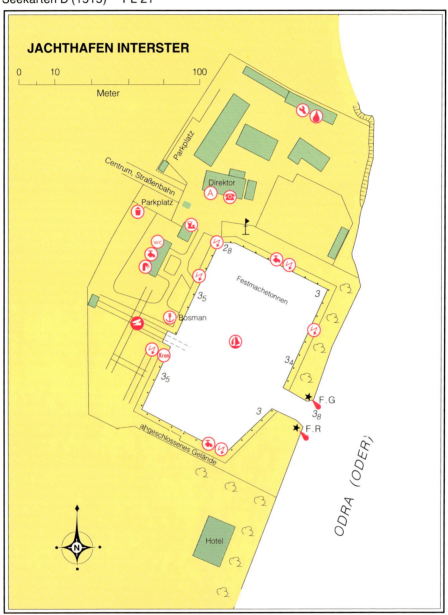

JACHTHAFEN INTERSTER

Yachthafen Interster

Großes Haff ———→

ODER

 Gut ausgebauter Jachthafen am W-Uferdes Hauptfahrwassers der Oder in ca. 7 km Entfernung vom Stadtzentrum Stettin. Das Gelände wird bewacht.

 Fahrzeuge mit einem Tiefgang bis 3,5 m können den Hafen anlaufen. Die Liegeplätze werden überwiegend von einheimischen Seglern genutzt. Gastliegeplätze (15) werden vom Hafenmeister zugewiesen.

 Die Zufahrt erfolgt durch das gut betonnte und befeuerte Hauptfahrwasser der Oder. Die Hafeneinfahrt ist befeuert und liegt gegenüber dem (roten) Leuchtpfahl 76. Der Hafen kann Tag und Nacht problemlos angelaufen werden.

 Umfangreichen Serviceangebot: Wasser, Strom, gute sanitäre Einrichtungen, Schiffsausrüster, Werkstatt für Merkury- und Volvo-Bootsmotoren, Lebensmittelladen. Slip bis 30 t und Mastenkran sind vorhanden. Für größere Reparaturen steht die Jachtwerft TELIGA, 1,4 km S-lich des Hafens zur Verfügung. Bis zu einer Straßentankstelle sind es 2 km. Ein Hotel mit Restaurant befindet sich gleich neben dem Hafen. Zum Stadtzentrum von Stettin besteht eine Straßenbahnverbindung.

 Hafenamt Stettin: 226 557, Wachoffizier Telefon 533 944, UKW-Kanäle 16, **12** und 71,
Interster Szczecin, Direktor Jan Kaminski, 71-734 Szczecin, ul. Lipawa 5/6, Telefon 23-06-56, 376-63, Telex 042 2754 ster pl.,

 Stettin (410.000 Einwohner), einst Residenzstadt der Herzöge von Pommern, wurde im 2. Weltkrieg zu 60 % zerstört. Zu den wieder aufgebauten und restaurierten historischen Sehenswürdigkeiten gehören das Schloß aus dem 16. Jahrhundert, das heute als Haus der Kultur Theater und gastronomische

Stadtzentrum Stettin

Einrichtungen beherbergt. Weitere Sehenswürdigkeiten sind u. a. die Bischofs-
kirche Jakula (Jakobikirche), das Nationalmuseum mit einer Meeres- und
Fischereiabteilun sowie das alte Rathaus, heute Museum zur Stadtgeschichte.
Hafenrundfahrten beginnen am Kai unterhalb der Wały Chrobrego (Haken-
terrasse). Weitere touristische Informationen erhält man im Reisebüro „Orbis",
ul. Bolesława, Krzywoustego 11/12.

Gewässerkarte im DSV-Verlag Stettiner Haff

Dammscher See (Jezioro Dąbie) und Kleiner Dammscher See (Jezioro Dąbie Małe) sind das Hausrevier der Stettiner Segler mit mehreren Sportboothäfen am S-Ufer des Kleinen Dammscher Sees und nahezu obligatorisches Übernachtungsgebiet für die Fahrt aus den Berlinern Gewässern zur Ostsee und für einen Besuch der alten Hansestadt Stettin.

Der Dammscher See mit einer Ausdehnung von 6,5 sm in Nord-Süd-Richtung und 2 sm in Ost-West-Richtung liegt O-lich der Oder und des Hafengebietes von Stettin. Mit der Oder verbinden ihn die schiffbaren Gewässer Kamelstraße (Kamel Iński Nurt), Nurt Babina und Nurt Czapina im Norden und in der Mitte des Westufers der Heilige Kanal (Święta).

Im Süden des Dammscher Sees schließt der Kleiner Dammscher See an; von dort bestehen über die Reglitz (Regalica) oder den Altendammer Strom (Dabska Struga) weitere Verbindungen zur Oder.

Zwischen Nurt Babina/Nurt Czapina und der Reglitz führt ein betonntes Fahrwasser durch den Dammscher See, das dann seine Fortsetzung in der Reglitz findet. Die durchschnittliche Wassertiefe beträgt 3,0 bis 3,5 m.

In den beiden Seen wird intensive Reusen- und Stellnetzfischerei betrieben. Allgemeine Informationen zur Fischerei siehe Seite 21.

Am O-Ufer des Dammscher Sees wird der kleine Hafen Lübzin (Lubczyna - PL 16) beschrieben; in Bergland-Wilhelmsfelde (Bystra-Czarna Łąka) existiert lediglich ein Anleger mit 1,2 m Wassertiefe.

Am S-Ufer des Kleinen Dammscher Sees befinden sich die Jachthäfen von Stettin-Altdamm (Szczecin-Dąbie.- PL 11 bis PL 15). Die Ansteuerung zu diesen Häfen erfolgt durch den Dammscher See, die Reglitz oder den Altdammer Strom. Die Ansteuerung direkt aus dem Dammschen See durch den Kleinen Dammscher See ist nicht betonnt, durch viele Stellnetze eingeengt und sollte mit nicht mehr als 1,5 Tiefgang unternommen werden.

Von Norden kommend steuert man nach Passieren des Tonnenpaares 51 / 52 des Hauptfahrwassers Swinemünde - Stettin in den Babbin (Nurt Babina) und weiter durch den Zappin (Nurt Czapina) - die Inseln Mewia Wyspa und Kacza bleiben an Backbord in das betonnte Fahrwasser des Dammscher Sees zur Reglitz, einem Abschnitt der Ost-Oder (Odra Wschodnia). Die Reglitz fährt man flußauf, bis die Straßenbrücke und am O-Ufer ein auffälliges weißes Brückenhaus in Sicht kommen. Beim Eindrehen nach Stb. in den Altendammer Strom halte man sich gut frei von der Huk, vor der sich ein Flach mit 0,6 m Wasser befindet; beim Eckenschrammen kommt man hier leicht fest. Nach etwa 200 m findet man die Einsteuerung zum Hafen Pogoń (PL 11).

Nach weiteren 600 m kann man in den Kleinen Dammschen See einsteuern und die anderen Häfen dieses Gebietes anlaufen. Die Häfen Marina Marco (Pl 12) und Akademischer Segelverein (PL 13), beide Einfahrten sind befeuert, befinden sich gleich an der Steuerbordseite. Zu den Häfen Palast der Jugend (PL 14) und Polaris Center (PL 15) beträgt die Entfernung etwa 600 m im freien Wasser vor der Südküste des Kleinen Dammscher Sees.

Dammscher See

Gewässerkarte im DSV-Verlag Stettiner Haff

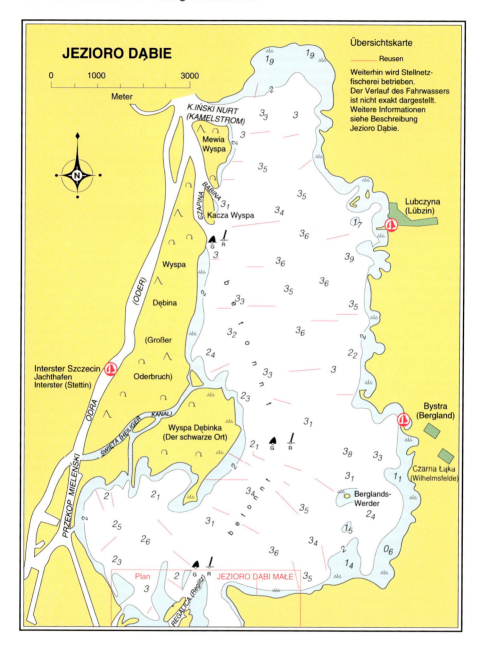

JEZIORO DĄBIE

0 1000 3000

Meter

Übersichtskarte

Reusen

Weiterhin wird Stellnetz-
fischerei betrieben.
Der Verlauf des Fahrwassers
ist nicht exakt dargestellt.
Weitere Informationen
siehe Beschreibung
Jezioro Dąbie.

K. IŃSKI NURT
(KAMELSTROM)

Mewia
Wyspa

CZAPINA
BABINA

Kacza Wyspa

Wyspa

Dębina

(Großer

Interster Szczecin
Jachthafen
Interster (Stettin)

Oderbruch)

Wyspa Dębinka
(Der schwarze Ort)

Berglands-
Werder

Lubczyna
(Lübzin)

Bystra
(Bergland)

Czarna Łąka
(Wilhelmsfelde)

Plan

JEZIORO DĄBI MAŁE

PRZEKOP MIELEŃSKI

ODRA

ŚWIĘTA (HEILIGER

KANAL)

(ODER)

REGALICA (Reglitz)

Kleiner Dammscher See

Gewässerkarte im DSV-Verlag Stettiner Haff

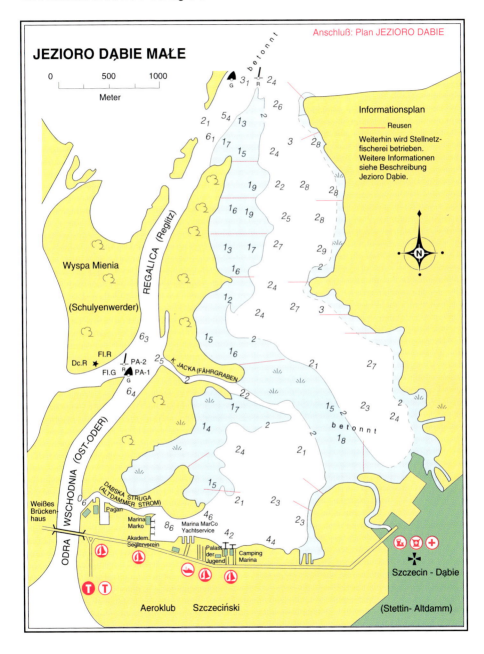

JEZIORO DĄBIE MAŁE

Anschluß: Plan JEZIORO DABIE

0   500   1000

Meter

Informationsplan

—— Reusen

Weiterhin wird Stellnetz-
fischerei betrieben.
Weitere Informationen
siehe Beschreibung
Jezioro Dąbie.

Wyspa Mienia

(Schulyenwerder)

REGALICA (Reglitz)

K. JACKA (FÄHRGRABEN)

betonnt

ODRA WSCHODNIA (OST-ODER)

DABSKA STRUGA
(ALTDAMMER STROM)

Weißes
Brücken-
haus

Pagan

Marina
Marko

Akadem.
Seglerverein

Marina MarCo
Yachtservice

Palast
der
Jugend

Camping
Marina

Szczecin - Dąbie

(Stettin- Altdamm)

Aeroklub   Szczeciński

Die Odra (Oder) r. und die Verbindungsgewässer Nurt Babina (Babbin) und Nurt Czapina (Zappin) l. zum Jezioro Dąbie (Dammscher See). Im Vordergrund l. das Sektorenfeuer Babina auf der Insel Mewia Wyspa. In der Bildmitte die Insel Wysba Dębina mit dem Rcht-F. Bykowo. Blickrichtung S.

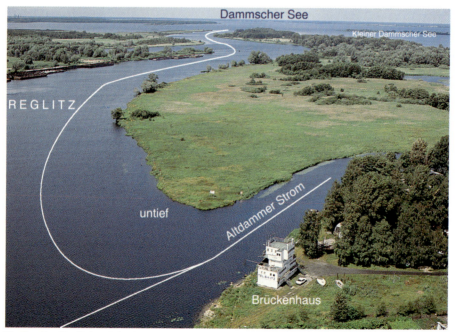

Die Regalica (Reglitz) und der Jezioro Dąbie (Dammscher See) im Hintergrund. Vorne r. die Dabska Struga (Altdammer Strom), die zum Jezioro Dąbie Małe (Kleiner Dammscher See) führt. Blickrichtung N.

Stettin-Altdamm (Szczecin-Dąbie)

Übersichtskarte
Gewässerkarte im DSV-Verlag – Stettiner Haff

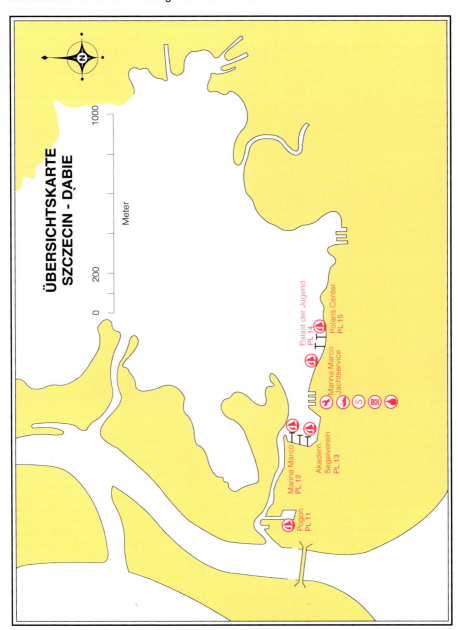

ÜBERSICHTSKARTE
SZCZECIN - DĄBIE

Meter

Palast der Jugend
PL 14

Polaris Center
PL 15

Marina Marco
Jachtservice

Akadem.
Segelverein
PL 13

Marina Marco
PL 12

Pogoń
PL 11

Stettin-Altdamm (Szczecin-Dąbie)   PL 11

Yachthafen Pogon

53° 24,0′ N | 014° 37,2′ E

Gewässerkarte im DSV-Verlag Stettiner Haff

 Hafenbecken für Sportboote am S-Ufer des Altdammer Stroms (Babska Struga), dem Verbindungskanal zwischen der Reglitz und Kleinen Dammscher See.

 Der Hafen ist vorwiegend von einheimischen Booten belegt. Gastliegeplätze werden durch den Hafenmeister zugewiesen.

 Zur Ansteuerung siehe PL 10.

 Stromanschluß und Wasserentnahmestelle an der W-Seite des Hafens. Sanitäre Einrichtungen und Schiffsausrüster. Zur Straßentankstelle sind es 300 m. Einkaufsmöglichkeiten und medizinische Betreuung ca. 1 km vom Hafen. Für Reparaturen stehen die Serviceeinrichtungen der Marina Marco (PL 12) zur Verfügung. Busverbindungen nach Stettin und Stettin-Altdamm.

 Informationen zur Stadt Stettin siehe PL 09.

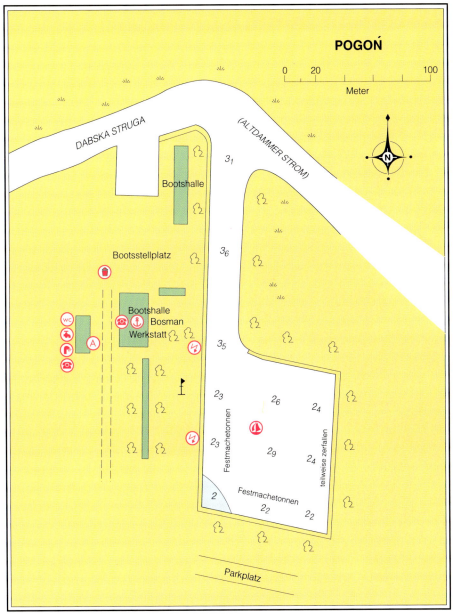

POGOŃ

DABSKA STRUGA

(ALTDAMMER STROM)

Bootshalle

3_1

Bootsstellplatz

3_6

Bootshalle

Bosman

Werkstatt

3_5

Festmachetonnen

2_3

2_6

2_4

2_3

2_9

2_4

teilweise zerfallen

2

Festmachetonnen

2_2

2_2

Parkplatz

0   20   100

Meter

59

Stettin-Altdamm (Szczecin-Dąbie) PL 12

Marina Marco

53° 24,0' N | 14° 37,7' E

Gewässerkarte im DSV-Verlag Stettiner Haff

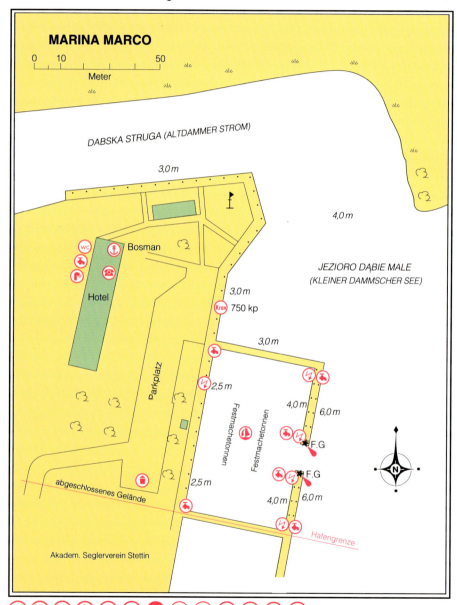

MARINA MARCO

0   10   50
Meter

DABSKA STRUGA (ALTDAMMER STROM)

3,0 m

4,0 m

Bosman

Hotel

JEZIORO DĄBIE MAŁE
(KLEINER DAMMSCHER SEE)

3,0 m

Kran 750 kp

3,0 m

2,5 m

Parkplatz

Festmachetonnen

Festmachetonnen

4,0 m   6,0 m

F.G

F.G

abgeschlossenes Gelände

2,5 m

4,0 m   6,0 m

Hafengrenze

Akadem. Seglerverein Stettin

 Gut ausgebauter und gepflegter Hafen mit Hotel am S-Ufer des Kleinen Dammscher Sees. Das Gelände wird bewacht.

 Ca. 40 Gast-Liegeplätze. Wassertiefen siehe Plan. Anmeldung bei der Hotelrezeption.

 Zur Ansteuerung siehe PL 10.

 Strom- und Wasseranschluß befinden sich am Anleger. Die sanitären und alle weiteren Einrichtungen des Hotels können in Anspruch genommen werden. Ein Mastenkran ist vorhanden. Die Versorgung mit Kraftstoff ist möglich. Schiffsausrüster bei der Werft der Marina. Ein Restaurant findet man auf dem Campingplatz des Polaris Center (PL 15).
Versorgungsmöglichkeiten im Supermarkt von Stettin-Altdamm. Die Werft der Marina Marco 300 m O-lich vom Hafen erledigt alle Reparaturen; zu den weiteren Serviceleistungen gehören Wartungsarbeiten, Jachttransport und Winterplätze in einer Halle.
Nach Stettin-Altdamm 3 km und Stettin 8 km bestehen regelmäßige Busverbindungen.

 Marina Marco Ltd, 70-800 Szczecin, ul. Przestrzenna 9A-11,
Telefon (0048-91) 614-350, Fax 613-693, Telex 0422790, 0422982.

 Informationen zur Stadt Stettin siehe PL 09.

Stettin-Altdamm (Szczecin-Dąbie)   PL 13
Akademischer Segelverein Stettin
53° 24.0′ N | 014° 37,7′ E

Gewässerkarte im DSV-Verlag Stettiner Haff

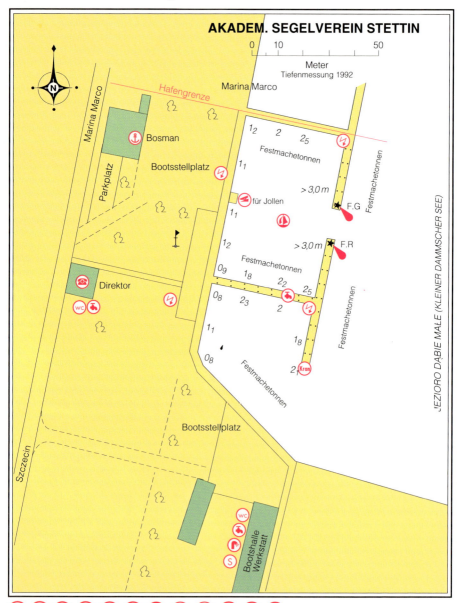

 Der Vereinshafen des Akademischen Segelvereins Stettin (Politechnika Szczecińska) liegt am SW-Ufer des Kleinen Dammscher Sees und grenzt unmittelbar an die Marina Marco (PL 12).

 10 Gastliegeplätze werden durch den Hafenmeister zugewiesen. Wassertiefen siehe Plan. Besucher müssen sich im Hafenbüro anmelden.

 Zur Ansteuerung siehe PL 10.

 Strom und eine Wasser auf dem Anleger, sanitäre Einrichtungen befinden sich im Gebäude des Direktors und in der Bootshalle. Reparaturen sind in der Werft der Marina Marco möglich. Ein Segelmacher ist vorhanden. Schiffsausrüstungen sind im Hafen von Pogoń (PL 11) und in der Werft der Marina Marco erhältlich. Auf dem Campingplatz des Polaris Center (PL 15) befindet sich ein Restaurant. Gute Versorgungsmöglichkeiten bietet der Supermarkt von Stettin-Altdamm 3 km. Entfernung zur Straßentankstelle 1 km. Busverbindungen nach Stettin und Stettin-Altdamm.

 Informationen zur Stadt Stettin siehe PL 09.

Stettin-Altdamm (Szczecin-Dąbie)   PL 14

Yachthafen Palast der Jugend

53° 23,9′ N | 014° 38,3′ E

Gewässerkarte im DSV-Verlag Stettiner Haff

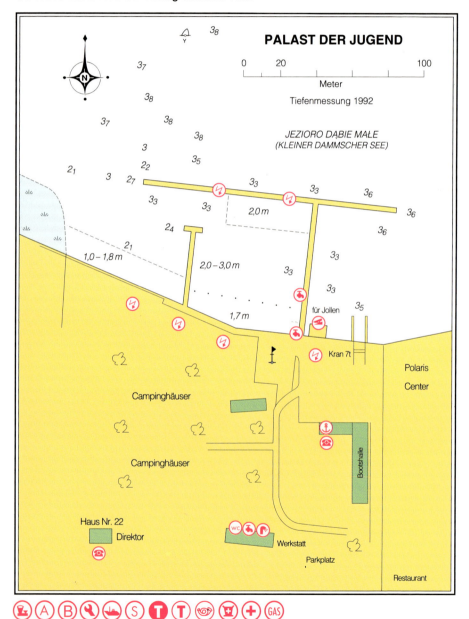

 Anleger am S-Ufer des Kleinen Dammscher Sees vor einer Einrichtung für die Freizeitgestaltung von Jugendlichen. Der Hafen ist vor allem Gästen zu empfehlen, die mit einer Wanderjolle unterwegs sind. Übernachtungsmöglichkeiten in einem der Sommerhäuser auf dem Gelände. Möglichkeiten zum Zelten. Das Gelände grenzt unmittelbar an das Polaris Center (PL 15).

 Liegeplatzzuweisung durch den Hafenmeister. Bei Winden aus N-lichen Richtungen liegt man ungeschützt.

 Zur Ansteuerung siehe PL 10.

 Strom- und Wasser auf dem Hauptsteg. Sanitäre Einrichtungen sind vorhanden. 7-t-Brückenkran. Für große Reparaturen können die Einrichtungen der Marina Marco (PL 12) in Anspruch genommen werden. In den Monaten Juni bis August ist ein Kiosk mit eingeschränktem Angebot geöffnet, gute Versorgungsmöglichkeiten in einem Supermarkt in Stettin-Altdamm.
Nach Stettin-Altdamm - 2 km - und nach Stettin - 9 km - bestehen Busverbindungen.

 Komitet Rodzicielski przy Pałacu Młodzieży, ul. Wojska Polskiego Nr. 90, Telefon 612-947.

 Informationen zur Stadt Stettin siehe PL 09.

Stettin-Altdamm (Szczecin-Dąbie) PL 15

Yachthafen Polaris Center
53° 23,9′ N | 014° 38,3′ E

Gewässerkarte im DSV-Verlag Stettiner Haff

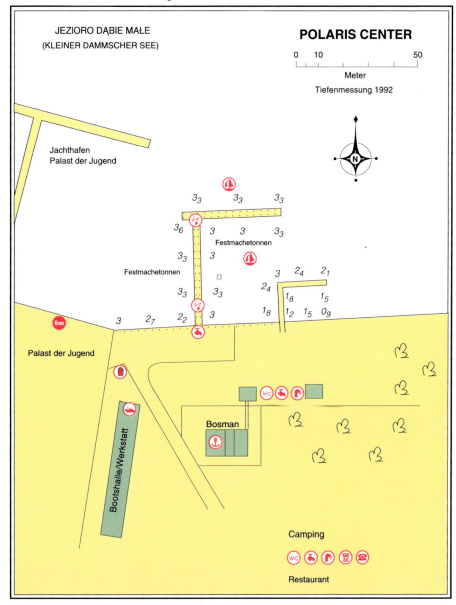

 Kleiner Jachthafen des Campingplatzes am S-Ufer des Kleiner Dammscher See, unmittelbar östlich des Hafengeländes des Palast der Jugend (PL 14). Wegen seiner Campingeinrichtungen ist der Hafen besonders den Besuchern zu empfehlen, die mit offenen Booten unterwegs sind. Es werden auch Unterkünfte in Bungalows angeboten.

 Der gegen N-lichen Winden ungeschützte Hafen verfügt über etwa 10 Gastliegeplätze, die vom Hafenmeister zugewiesen werden. Nach der Ankunft muß man sich anmelden.

 Zur Ansteuerung siehe PL 10.

 Wasser und Strom am Anleger. Sanitäre Einrichtungen am Hafen und auf dem Campingplatz. Dort befindet sich auch ein Restaurant. Motorenwerkstatt in 500 m, bei größeren Reparaturen siehe Marina Marco (PL 12). Segelmacher beim Akademischen Segelverein (PL 13). Straßentankstelle in 2 km. Gute Versorgungsmöglichkeiten im Supermarkt in Stettin-Altdamm. Nach Stettin-Altdamm - 3 km und Stettin - 9 km - bestehen Busverbindungen.

 Hafenmeister: Telefon 91 613 264.

 Informationen zur Stadt Stettin siehe PL 09.

Lübzin (Lubczyna)   PL 16

53° 30,4′ N | 014° 42,2′ E

Seekarten D 1515   PL 21   Gewässerkarte im DSV-Verlag Stettiner Haff

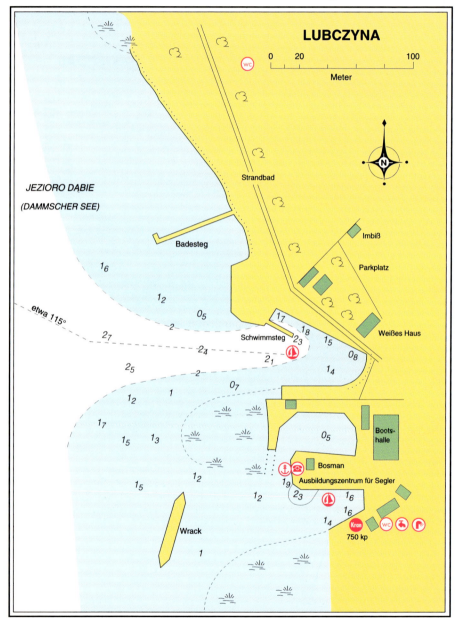

LUBCZYNA

0   20   100

Meter

JEZIORO DĄBIE

(DAMMSCHER SEE)

Strandbad

Badesteg

etwa 115°

Schwimmsteg

Imbiß

Parkplatz

Weißes Haus

Boots-
halle

Bosman

Ausbildungszentrum für Segler

Wrack

Kran
750 kp

68

Wrack

 Kleiner Hafen eines Fischerdorfes am O-Ufer des Dammscher Sees.

 Liegemöglichkeiten im Kommunalhafen. S-lich dieses Hafens befinden sich zwei Becken eines Segelzentrums für Schüler. Hier werden, soweit Platz vorhanden, den Gästen Liegeplätze durch den Hafenmeister zugeteilt.

 Fahrzeuge bis 1,65 m Tiefgang können den Hafen anlaufen. Vom betonnten Fahrwasser des Dammscher Sees sollte der Hafen mit rd. 090° angesteuert werden, da auf diesem Kurs die geringsten Behinderungen durch Fischerei- geräte zu erwarten sind. Die Ansteuerung ist nicht bezeichnet. Landmarke für die Ansteuerung ist ein weißes Gebäude am Kommunalhafen. Die Schilfinsel an der Backbordseite ist im angemessenen Abstand zu umfahren, um mit etwa 115° in den Hafen einzusteuern.

 Begrenzte Einkaufsmöglichkeiten und eine Gaststätte im Ort, Wasser, Strom sowie Toiletten stehen nur während der Öffnungszeiten des Strandbades N-lich des Hafens zur Verfügung. Sanitäre Einrichtungen und Strom auch im Segel- zentrum. Benzin, Diesel und medizinische Betreuung bekommt man im 10 km entfernten Goleniów.

 Segelzentrum: Hafenmeister Telefon 181 312.

 N-lich des Kommunalhafens befindet sich das Strandbad. In Gollnow (Goleniów) sind die Kirche und andere historische Bauten sehenswert; nach dort Busver- bindung.

Stepenitz (Stepnica)

53° 39,0′ N | 014° 37,3′ E

Seekarten: D 1514   Pl 22   BSH-Sportbootkarte 3007
Gewässerkarte im DSV-Verlag Stettiner Haff

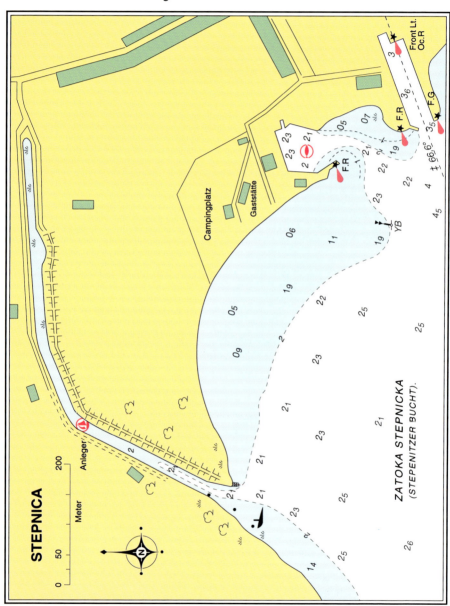

Zufahrt zum Kanal bei Stepenitz

 Kleiner Ort mit einem kommunalen Fischerei- und Handelshafen an der O-Seite der seeartigen Erweiterung Papenwasser (Roztoka Odrzanka) der Odermündung. Weitere Liegemöglichkeiten in einem Kanal ca. 0,4 sm NW-lich der Kommunalhäfen.

 Die Häfen sind für Besucher wenig einladend. Kleine Sportboote machen auf 2 m Wasser in der Regel an einem baufälligen Bollwerk in einem Kanal N-lich der Häfen fest. Naturnahes Liegen im oberen Kanalteil.

 Vom Hauptfahrwassers der Oder wird in Höhe der frei im Wasser des Papenwassers stehenden Feuerträger der Richtfeuerlinie Stepnica durch die betonnte Ansteuerung direkter Kurs auf den Handelshafen genommen, nachts leitet eine 066,6° Richtfeuerline (O-F: Oc.R.3 s | U-F: F.R) bis zwischen die Molen des Handelshafens. Feuerträger sind Gittermasten mit weißen Dreiecken als Tagmarken. Die Häfen sind befeuert.
Sportfahrzeuge mit Ziel Kanal verlassen dieses Fahrwasser beim Tonnenpaar 3 / 4 und nehmen dann die unbezeichnete Kanalmündung mit N-lichen Kurs direkt voraus. Ein Flach westlich und unmittelbar vor der Kanalmündung läßt nur eine schmale tiefe Rinne frei, so daß mit Vorsicht eingesteuert werden sollte.

 Eingeschränkte Versorgungsmöglichkeiten, am Ende des Kanals befindet sich eine Gaststätte

 Hafenmeister Telefon 188 427, UKW-Kanäle **16**, 12 und 71.
Rathaus, Telefon 8525 und 8438

 Busverbindungen nach Gollnow (Goleniów) und Stettin.

Ziegenort (Trzebież)

PL 18

53° 39,0′ N | 014° 31,1′ E

Seekarten D (1514)   PL 22   BSH-Sportbootkarte 3007
Gewässerkarte im DSV-Verlag Stettiner Haff

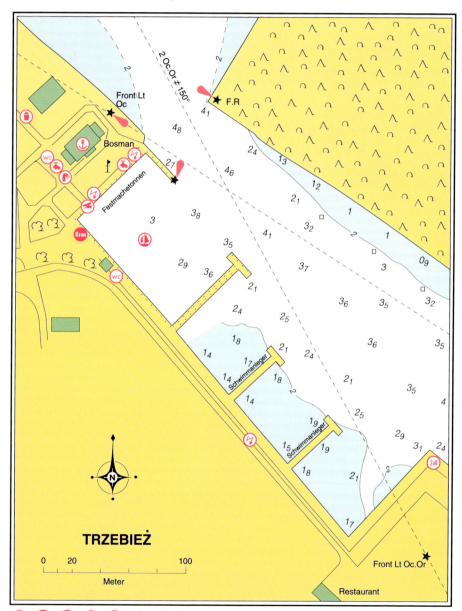

Front Lt
Oc

Bosman

Festmachetonnen

2 Oc.Or ≠ 150°

F.R

Kran

wc

Schwimmanleger

Schwimmanleger

Zoll

N

TRZEBIEŻ

0	20		100

Meter

Front Lt Oc.Or

Restaurant

Nordwest-Einsteuerung und Hafen

 Ziegenort ist ein Fischerei- und Sportboothafen am W-Ufer der Mündung der Oder in das Stettiner Haff (Zalew Szczeciński), Ausbildungszentrum des Polnischen Seglerverbandes und für Fahrzeuge, die die Grenze von Deutschland kommend im Stettiner Haff passieren, Paß- und Zollkontrollstelle.

 Besucher können ohne besondere Platzzuweisung im Hafen des Segelzentrums festmachen. Die unterschiedlichen Wassertiefen in den Becken sind zu beachten (siehe Plan). Anmeldung beim Hafenmeister. Fahrzeuge über 20 m Länge müssen sich beim Hafenamt über UKW-Kanal 16 anmelden. Rufname: „Portu Trzebież". Die Grenz- und Zollformalitäten finden an der Pier im SO-lichen Hafenbereich vor der Einfahrt in den Fischereihafen statt.

 Der Hafen hat zwei betonnte und befeuerte Ansteuerungen.
N-Ansteuerung: Vom Torfeuer 3 (Brama Torowa-3) des Hauptfahrwassers durch das Stettiner Haff kann direkt Kurs auf die NW-Hafeneinfahrt genommen werden. Ab der grünen Tonne TN-A beginnt eine 30 m breite und 3,5 m tiefe und nur an der Stb.-Seite betonnte Baggerrinne. Nachts leitet eine 150° Richtfeuerlinie (2 x Oc.Or.8 s) in die befeuerte Hafeneinfahrt. An der Steuerbordseite nehmen außerhalb des Fahrwassers die Wassertiefen schnell bis auf 0,5 m ab, an der Backbordseite ist das Flach Kopanicka mit Wassertiefen unter 2 m zu beachten.
S-Ansteuerung: Vom Tonnenpaar 17/18 des Hauptfahrwassers hält man durch eine 30 m breite und 3,5 m tiefe Baggerrinne direkt auf die SO-Hafeneinfahrt zu und passiert dabei das Tonnepaar TS-1 / TS-2. Eine 301,2° Richtfeuerlinie (O-F: Oc.5 s | U-F: F) führt zwischen die befeuerten Molen.

Strom- und Wasseranschlüsse sind vorhanden. Sanitäre Einrichtungen befinden sich im Hafengebäude. Einkaufsmöglichkeiten und einen Arzt im Ort.(500 m bzw. 1,5 km vom Hafen entfernt). Trailerbahn und Kran sind vorhanden. Keine Reparaturenmöglichkeiten. Diesel im Fischereihafen.

 Segelausbildungszentrum: Telefon 17 82 94/17 82 41, Hafenamt: Telefon 17 83 16, Wachoffizier 17 83 46, UKW, Kanal 16, 12, 71 Ruf: „Portu Trzebież".

 Busverbindung nach Stettin. Fähren nach Ueckermünde in Deutschland.

Neuwarp (Nowe Warpno)

53° 43,7′ N | 014° 17,0′ E

Seekarten D 1513   PL 22,   BSH-Sportbootkarte 3007
Gewässerkarte im DSV-Verlag Stettiner Haff

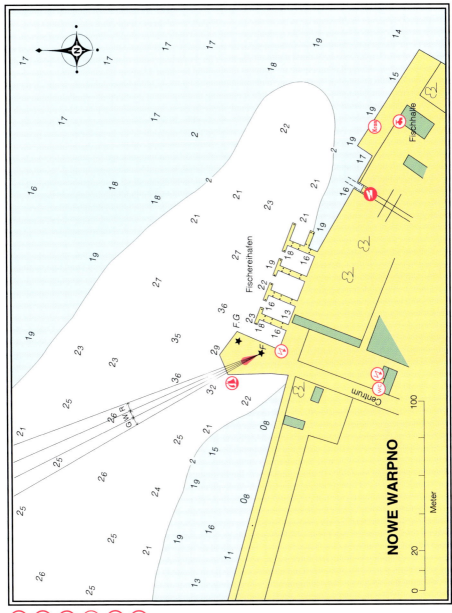

NSG Riether Werder

Neuwarp in Blickrichtung SW

Kleiner Badeort und Fischereihafen auf einer Halbinsel am NO-Ufer des Neu-warper See (Nowowarpieńskie Jezioro), der aus dem Stettiner Haff zu erreichen ist. An der S-Seite der Halbinsel ist ein Sportboothafen in Bau. Vor dem Anlaufen von Neuwarp aus Deutschland muß zuvor in Ziegenort (Trzebież, siehe PL 18) einklariert worden sein. Danach darf auch der unmittelbar an der Ansteuerung liegende deutsche Hafen Altwarp ein- und ausreisend nicht angelaufen werden.

Liegemöglichkeiten am Passierkai und an den vier Brücken des Fischereihafens am N-Ufer der Halbinsel. Die im Plan ausgewiesenen Wassertiefen an den Brücken können nicht als sicher gelten. Anmeldung beim Hafenmeister.

Die Wassertiefe beträgt in der Ansteuerung stellenweise nur 1,7 m bei Mittel-wasser. Der Hafen wird nach erfolgter Grenz- und Zollabfertigung aus polni-schen Gewässern angesteuert: Von der Grenztonne 14 läuft man in der Altwarper-Grenz-Richtlinie mit 208° bis zur Grenztonne 9; die mit Fl.Y.4 s befeuerten beiden innersten Grenztonnnen 9 und 8 bilden in diesem Bereich eine Hilfs-Richtfeuerlinie. Die Wassertiefe ist auf beiden Seiten der Grenztonnen mit rd. 3 m ausreichend.
Ab Grenztonne 9 führt eine enge und beidseitig betonnte, aber unbefeuerte 2,5 m tiefe Baggerrinne bis vor den deutschen Hafen Altwarp. Nachts gibt in diesem Fahrwasserabschnitt lediglich der mit Fl.Y.4 s befeuerte Grenzpfahl 7 einen gewissen Anhalt. Ab Grenzpfahl 7 kann man im weißen Sektor des Sektoren-feuers von Neuwarp mit 158° direkt auf den Hafen zuhalten.
Wegen der vielen unbefeuerten kleinen Tonnen in der Ansteuerung sollte der Hafen nur am Tage angesteuert werden.

Die Einkaufsmöglichkeiten sind begrenzt. Medizinische Versorgung ist möglich. Keine Reparatur- und Bunkermöglichkeiten.

 Hafenmeister: Telefon 17 86 70 (07.15 - 15.15 Uhr), UKW-Kanäle **16**, 12 und 71. Dolmetscher: Henryk Budnik, Warszawska 1, 72-022 Nowe Warpno.

 Am sehenswertesten ist das Rathaus, ein Fachwerkbau aus dem Jahre 1696. Aber auch die Kirche wird empfohlen. Einen breiten Sandstrand findet man auf der S-Seite der Halbinsel. An diesem Strand befindet sich ein Campingplatz mit Anleger, der auf 2 m Wassertiefe angesteuert werden kann. Busverbindung nach Stettin (Szczecin).

Lebbin (Lubin)

PL 20

53° 52,6′ N | 014° 25,6′ E

Seekarten D 1514   PL 23   BSH-Sportbootkarte 3007
Gewässerkarte im DSV-Verlag Stettiner Haff

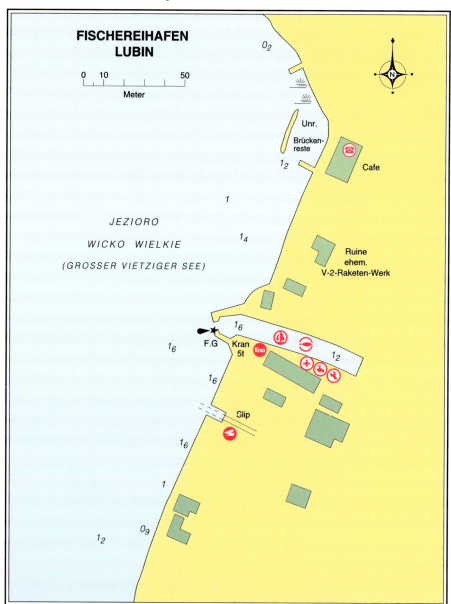

Brücken-
reste

Lebbin
Blickrichtung S

 Geschützte kleiner Fischereihafen an der O-Seite der Einfahrt in den Großen Vietziger See (Jezioro Wicko Wielkie) am NO-Ufer des Stettiner Haffs. Die unmittelbare Hafenumgebung ist wegen der Ruinen einer Zementfabrik wenig einladend.

 Wassertiefe 1,6 bis 1,2 m. Liegeplatzzuweisung durch den Hafenmeister der örtlichen Fischereigenossenschaft.

 Der Hafen kann bei der roten Tonne 10 des betonnten Fahrwasser vor dem Ostufer des Großen Vietziger Sees über 1,6 m tiefem Wasser angesteuert werden. Der Kopf der S-Mole ist mit F.G befeuert, Feuerträger ist ein weißer Pfahl.

Die Häfen Lebbin (Lubin), Kalkofen (Wapnica) PL 21, Laatziger Ablage (Zalesie-Wicko) PL 22, Haferhorst (Łunowo) PL 23 und Pritter (Przytór) PL 24 liegen im Gebiet des Großen Vietziger Sees. Die Möglichkeit einer Ansteuerung von Westen durch die Alte Swine (Stara Swina) wird durch eine Brücke mit 4,1 bis 5 m Durchfahrtshöhe bestimmt, die Durchfahrten befinden sich zwischen den Pfeilern 3 – 4 und 4 – 5, von Süden aus zählend. Die Ansteuerung mit Segelbooten erfolgt deshalb in der Regel durch den Ö-lichen Teil des Stettiner Haffs S-lich und Ö-lich des großräumigen Flachs Krzecki Wyskok, dessen S- und O-Kanten durch Untiefentonnen markiert sind, und dann weiter durch den Großen Vietziger See.
Ab der Tonne M-2 unter dem auffälligen Steilufer der N-Küste bei Lebbin sollten tiefgehende Fahrzeuge das betonnte Fahrwasser benutzen, das bis zur Enge bei Lebbin mit Mitte-Fahrwassertonnen, ab dort beidseitig betonnt ist. Bis zur Enge geben Leuchttonnen und die Richtfeuerlinie Lubin nachts Anhalt.

Die Angaben in den deutschen Seekarten entsprechen nicht in allen Punkten immer den tatsächlichen Verhältnissen, so daß mit Vorsicht navigiert werden muß.

Bei starken S-lichen Winden kann der Wasserstand im Großen Vietziger See um bis zu 0,8 m fallen, bei starken N-lichen Winden bis zu 1 m steigen. Wasserstandsinformationen erteilen ggf. die Hafenämter von Stettin und Swinemünde auf UKW-Kanal 12.

 Wasser und Strom sind vorhanden. Der Fischereibetrieb besitzt einen Slip, einen 5 t Kran und Werkstätten. Im Ort Einkaufsmöglichkeiten in einem Lebensmittel- und Industriewarengeschäft, das auch am Wochenende geöffnet ist. Autowerkstatt im Ort., Tel. 0936/80-680.

 Fischereigenossenschaft CERTA, Fischereibasis in Lubin ul. Portowa 4. Taxi, Tel. 0936/80-545.

 Lubin ist eine Ortschaft hoch über dem Steilufer, am Rande des Woliner Nationalparks (Woliński Park Narodowy). An der höchsten Stelle steht eine Backsteinkirche, neben der sich ein Friedhof aus dem 19. Jahrhundert befindet. Er ist Ruhestätte von Menschen, die durch eine Seuche starben.

Vom Steilufer hat man einen umfassenden Blick auf das Delta der Swine (Świna).

Es gibt hier zahlreiche Urlaubszentren und Ferienlager. Der Fischereihafen und ein weiterer 100 m N-lich gelegener ehemaliger Hafen gehörten zum Gelände der V-2-Werke, das heute überwiegend aus Ruinen der Gebäude und Abschußrampen besteht. Überreste der alten Mole und die damals zum Verladen der V-2-Raketenteile dienenden, heute zerstörten Brücken sind noch zu erkennen.

Auf dem angrenzenden Gelände befindet sich ein Cafe.

Kalkofen (Wapnica)

53° 52,9′ N | 014° 25,7′ E

Seekarten D 1514   PL 23   BSH-Sportbootkarte 3007
Gewässerkarte im DSV-Verlag Stettiner Haff

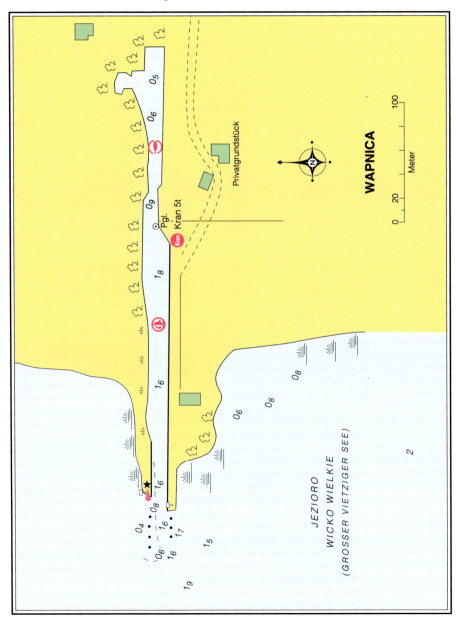

Kalkofen
Blickrichtung E

Pfahlreste

Pfahlreste

 Naturnaher, ruhiger Hafen eines kleiner Urlaubs- und Fischerortes zwischen Lebbin (Lubin) PL 20 und Laatziger Ablage (Zalesie) PL 22 am O-Ufer des Großer Vietziger Sees.

 Wassertiefe an den Gast-Liegeplätzen 1,6 m. An der befestigten S-Seite des Hafens können die vorderen 2/3 der Pierlänge von Besuchern genutzt werden, der innere Teil ist den örtlichen Fischern vorbehalten. Diese Pier ist im schlechten Zustand, die Nordpier ist verfallen.
Auf beiden Molenköpfen steht je eine weiße Tafel mit der Aufschrift:
Festmachen verboten. Hafen außer Betrieb · Rat der Stadt Międzyzdroje (Mistroy).
Einlaufen und Festmachen erfolgt damit auf eigene Gefahr.

 Zur Ansteuerung siehe PL 20. Die Einsteuerung in den Hafen beginnt bei der roten Tonne 12 des betonnten Fahrwassers im Vietziger See. In Verlängerung der Molen stehen Pfahlreste, die N-Hälfte der Einsteuerung ist versandet bis auf 0,6 m Wassertiefe, an der S-Seite betragen die Wassertiefen 1,8 m. Der Kopf der N-Mole ist mit F.R befeuert, Feuerträger ist ein weißer Pfahl.

 Keine Versorgungsmöglichkeiten in Hafennähe. Die sanitären Anlagen im 200 m nahegelegenen Urlauberzentrum des polnischen Lehrerverbandes dürfen benutzt werden. 5-t-Kran. Im etwa 2 km entfernten Lebbin kann man sich mit dem Nötigsten versorgen. Ein Cafe befindet sich im ehemaligen Jugendlager (ca. 5 min. Wegstrecke).

 S-lich der Einfahrt befindet sich ein Sandstrand. Die Dorfstraße führt in O-licher Richtung in den Woliner Nationalpark (Woliński Park Narodowy). Busverbindungen nach Mistroy (Międzyzdroje) und Lebbin (Lubin).

Laatziger Ablage (Zalesie-Wicko) PL 22

53° 54,1′ N | 014° 26,2′ E

Seekarten D 1514   PL 23   BSH-Sportbootkarte 3007
Gewässerkarte im DSV-Verlag Stettiner Haff

ZALESIE – WICKO

0   20   100
        Meter

nach Miedzyzdroje

1_4
1_4 1_6
1_8 1_9 1_6
1_6 1_8
1_6 1_8
1_8

Dlb.zrst.

Bosmanat

1_6
1_3

1_2

JEZIORE
WICKO MAŁE
(KLEINER VIETZIGER SEE)

1_5
1_2
1_6

nach Wapnica und Lubin

Laatziger Ablage
Blickrichtung N

 Ruhiger kleiner Ort mit Anleger am N-Ende des Kleinen Vietziger Sees.

 Liegemöglichkeiten an einer Betonpier auf ca. 1,8 m Wassertiefe über unreinem Grund (Schutt). Im Fahrwasser findet man jedoch weichen Schlick. Die mit Ausnahme S-licher Winde gut geschützte Pier befindet sich in einem schlechten baulichen Zustand. Eine Kanalisation verbreitet Verschmutzungen und unangenehme Gerüche.

 Zu Ansteuerung siehe PL 20. Der Anleger befindet sich am N-Ende des betonnten Fahrwassers des Kleinen Vietziger.

 Keine Versorgungseinrichtungen in Hafennähe.

 Gegenüber des Anlegers befindet sich das Gebäude des Hafenmeisters, geöffnet Dienstag und Freitag von 7.00 bis 10.00 Uhr. Telefon: 20 110, UKW-Kanäle **16**, 12 und 71.

Haferhorst (Łunowo)   PL 23

53° 53,7′ N | 014° 23,7′ E

Seekarten D 1514   PL 23   BSH-Sportbootkarte 3007
Gewässerkarte im DSV-Verlag Stettiner Haff

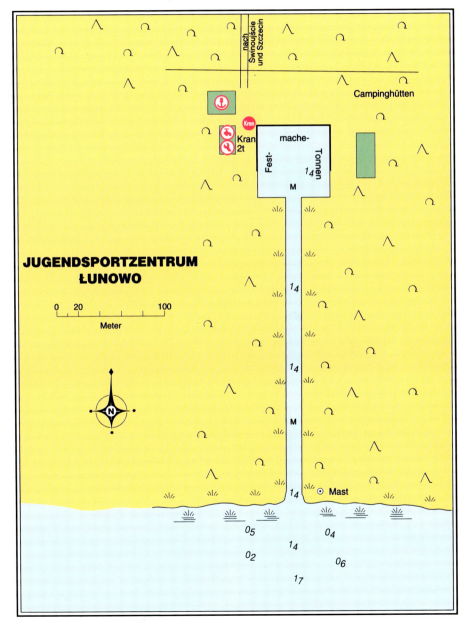

Kleiner Jachthafen eines Jugendsportzentrums am N-Ufer des Großen Vietziger Sees (Jezioro Wicko Wielkie).

 Der in einem Waldgebiet liegende und aus allen Windrichtungen geschützte Hafen wird durch ein Becken am Ende eines 240 m langen Kanals gebildet. Gastliegeplätze sind vorhanden.

 Wassertiefe in der Einsteuerung bei Mittelwasser 1,4 m über Schlick. Der Hafen hat aus dem Großen Vietziger See keine bezeichnete Ansteuerung und kann nur am Tage angelaufen werden. Zur Ansteuerung bis in den Großen Vietziger See siehe PL 20.

Im Großen Vietziger See steuert man von der Tonne M-4 etwa 330° bis zur 2 m Tiefenlinie und dann in einer Baggerrinne mit etwa 352° zur Kanaleinfahrt, wo ein weißer Mast die Ostseite markiert. Beiderseits der Baggerrinne wird es schnell flach mit weniger als 0,6 m Wassertiefe.

 Keine Versorgungsmöglichkeiten in Hafennähe. Stromanschluß ist vorhanden. Reparaturstützpunkt mit 2-t-Kran. Kein Wasser, die sanitären Einrichtungen sind schlecht. 20 Übernachtungsplätze in Campinghütten. Entfernung zur nächsten Ortschaft 2,7 km. Zur Fernverkehrsstraße mit Buslinien nach Swinemünde und Stettin sind es 1,4 km.
Weitere Informationen durch: Frau Hanna Zurawska, Tel. 0936 34-65.

Pritter (Przytór)

53° 53,1′ N | 014° 20,7′ E

Seekarten D 1514   PL 23   BSH-Sportbootkarte 3007
Gewässerkarte im DSV-Verlag Stettiner Haff

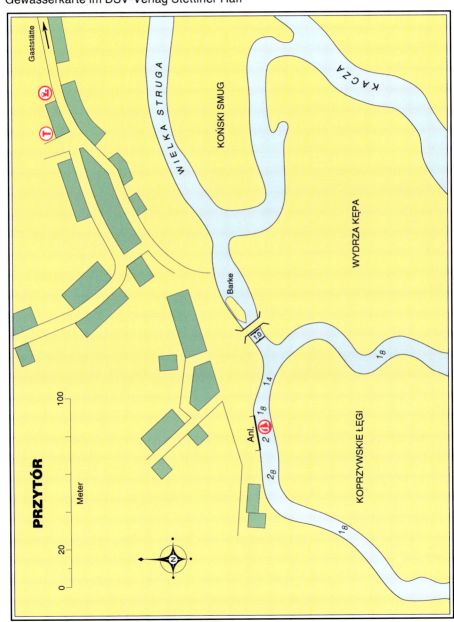

 Fischerdorf an der Großen Beck (Wielka Struga) in einer naturnahen und abgelegenen Gegend des Swine-Deltas.

 Mehrere Liegemöglichkeiten auf 1,6 Wassertiefe am N-Ufer der Großen Beck auf der Insel Wollin (Wolin) beiderseits einer Brücke (1 m Durchfahrtshöhe) über die Große Beck. O-lich der Brücke liegt eine Hulk, an der man ggf. festmachen kann. Ein Anleger gehört zu einem Privatgrundstück. W-lich der Brücke befindet sich eine geschützte Betonpier, die von Gastliegern genutzt werden kann.

 Von Osten wird der Hafen aus dem Eingang zum Großen Vietziger See durch die betonnte, aber unbefeuerte Alte Swina (Stara Świna) angesteuert; zur Ansteuerung aus dem Stettiner Haff siehe PL 20.
Die Große Beck gehört zu den zahlreichen Gewässern des Swine-Deltas und ist eine der Verbindungen zwischen dem Großen Vietziger See und der Alten Swine. Von der Alte Swine steuert man durch das schmale Gewässer zwischen den Inseln Koprzywska Łęgi und Wydrza Kępa und dreht am Ende über Backbord zum Anleger auf der Nord Seite.
Die Wassertiefen betragen 1,8 bis 3 m, im betonnten Fahrwasser der Alten Swine 3,0 m.

 Im Ort befinden sich Lebensmittelgeschäfte, Post und Restaurant.

Die Dievenow (Dziwna) PL 25

Gewässerkarte im DSV-Verlag Stettiner Haff

Die Dievenow ist der östliche Flußarm des Oderdeltas. Er trennt die Insel Wollin (Wolin) vom Festlandt. Der etwa 17 sm lange Fluß beginnt 3 sm südlich von Wollin (Wolin) am Stettiner Haff und mündet beim Ort Dievenow (Dziwnów) in die Ostsee.

Die Dievenow bildet mehrere seeartige Breiten, Buchten und Bodden mit 2 bis 3,5 m Wassertiefe, bei den Orten Dievenow (PL 03) und Wollin (PL 26) sind Engen und Brücken zu passieren. Außerhalb des betonnten Fahrwassers nimmt die Wassertiefe in der Regel sehr schnell ab. Das Fahrwasser ist durchgehend betonnt, nördlich Wollin aber nicht befeuert. Die Betonnungsrichtung ist Nord.

Barren zwischen dem Fritzower See (Jezioro Wrzosowskie) und Camminer Bodden (Zalew Kamieński) sowie SW-lich der Insel Gristow (Chrzaszczewska Wyspa) begrenzen den Tiefgang der durchgehenden Schiffahrt auf 1,65 m. Das Flach Wolińska Mielizna nördlich von Wollin dicht westlich des Fahrwassers sowie eine weitere Barre vor dem Beginn der Dievenow im Ostteil des Stettiner Haffs erfordern besondere Aufmerksamkeit. Eine feste Eisenbahnbrücke dicht nördlich von Wollin hat eine Durchfahrtshöhe von 12,5 m bei Mittelwasser.

Anhaltend starke S-liche Winde verursachen Niedrig- und N-liche Winde Hochwasser. Wasserstandsschwankungen von + 1,5 m bis - 0,6 m wurden beobachtet.

Dievenow (Dziwna), N-licher Teil

Seekarte D   PL 54 tlws.   Gewässerkarte im DSV-Verlag Stettiner Haff

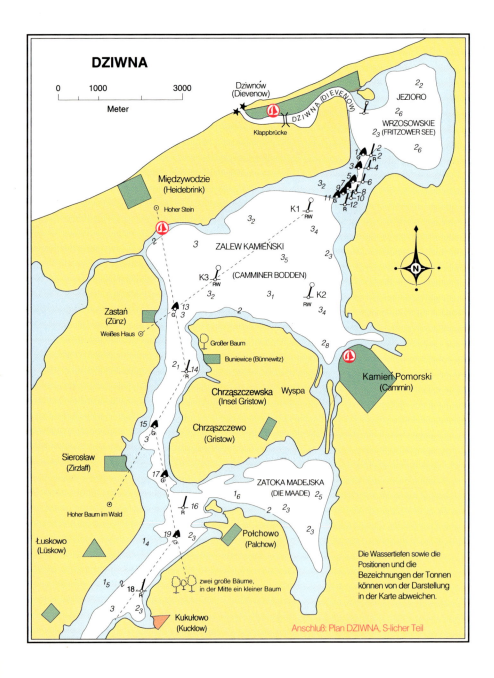

DZIWNA

0   1000   3000

Meter

Dziwnów
(Dievenow)

DZIWNA (DIEVENOW)

JEZIORO

WRZOSOWSKIE
(FRITZOWER SEE)

Klappbrücke

Międzywodzie
(Heidebrink)

Hoher Stein

K1
RW

ZALEW KAMIEŃSKI

K3
RW

(CAMMINER BODDEN)

Zastań
(Zünz)

Weißes Haus

Großer Baum

Buniewice (Bünnewitz)

Chrząszczewska
(Insel Gristow)

Wyspa

K2
RW

Kamień Pomorski
(Cammin)

Chrząszczewo
(Gristow)

Sierosław
(Zirzlaff)

Hoher Baum im Wald

ZATOKA MADEJSKA

(DIE MAADE)

Łuskowo
(Lüskow)

Połchowo
(Palchow)

zwei große Bäume,
in der Mitte ein kleiner Baum

Kukułowo
(Kucklow)

Die Wassertiefen sowie die
Positionen und die
Bezeichnungen der Tonnen
können von der Darstellung
in der Karte abweichen.

Anschluß: Plan DZIWNA, S-licher Teil

Dievenow (Dziwna), S-licher Teil

Seekarte D   PL 54 tlws.   Gewässerkarte im DSV-Verlag Stettiner Haff

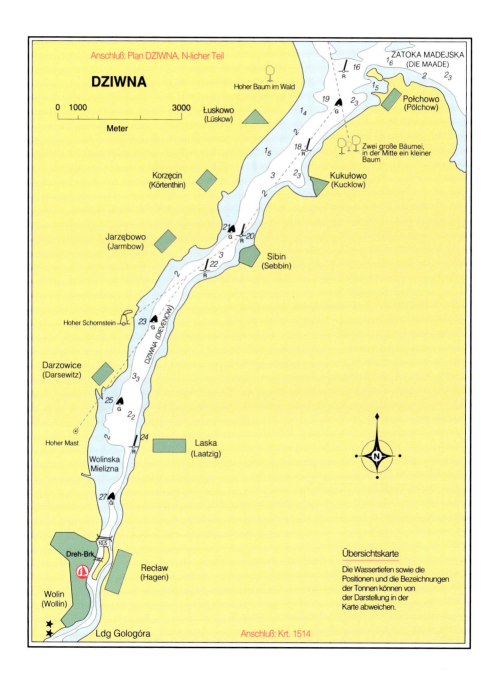

Anschluß: Plan DZIWNA, N-licher Teil

DZIWNA

ZATOKA MADEJSKA
(DIE MAADE)

Hoher Baum im Wald

Łuskowo
(Lüskow)

Połchowo
(Pölchow)

0 1000   3000
Meter

Zwei große Bäumei,
in der Mitte ein kleiner
Baum

Korzęcin
(Körtenthin)

Kukułowo
(Kucklow)

Jarzębowo
(Jarmbow)

Sibin
(Sebbin)

Hoher Schornstein

DZIWNA (DIEVENOW)

Darzowice
(Darsewitz)

Hoher Mast

Laska
(Laatzig)

Wolinska
Mielizna

Übersichtskarte

Die Wassertiefen sowie die
Positionen und die Bezeichnungen
der Tonnen können von
der Darstellung in der
Karte abweichen.

Dreh-Brk.

Recław
(Hagen)

Wolin
(Wollin)

Ldg Gologóra   Anschluß: Krt. 1514

91

Die Mündung der Dziwnów (Dievenow) bei der gleichnamigen Ortschaft. Im Vordergrund der Jezioro Wrzosowskie (Fritzower See). Blickrichtung NW.

Die Dziwnów (Dievenow) bei Wolin (Wollin). Hier verbinden eine Straßen- und Eisenbahnbrücke die Insel Wolin mit dem Festland. Blickrichtung NNO.

Wollin (Wolin) PL 26

53° 50,6′ N | 14° 37,2′ E

Seekarten D 1514 PL 23 Gewässerkarte im DSV-Verlag Stettiner Haff

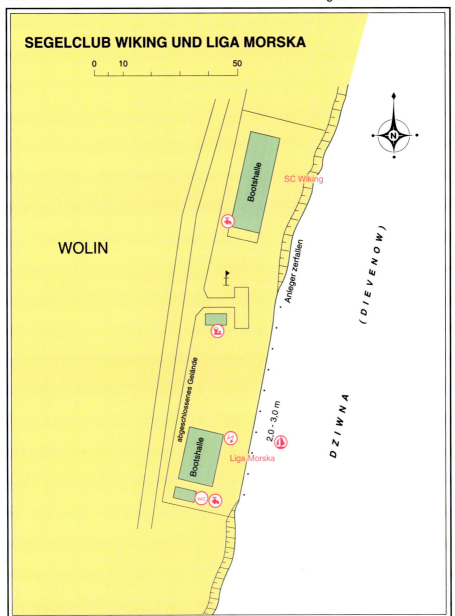

SEGELCLUB WIKING UND LIGA MORSKA

0   10   50

SC Wiking

WOLIN

Bootshalle

Anleger zerfallen

(D I E V E N O W)

abgeschlossenes Gelände

2,0 - 3,0 m

D Z I W N A

Bootshalle

Liga Morska

WC

Blick auf die Vereinsanleger von E

 Kleinstadt am Ostufer der Dievenow (Dziwna) mit einer uralten Geschichte.

 Liegemöglichkeiten an Vereinsanlegern der Liga Morska und Wiking sowie an einer kommunalen Pier. Wassertiefen 1,5 - 2,0 m. Der Anleger des Segelklub Wiking ist baufällig. Besucher werden aber bei der Liga Morska immer einen Liegeplatz bekommen.
Der kommunale Anleger etwa 300 m S-lich der Vereinsliegeplätze darf wegen fehlender sanitärer Einrichtungen für einen längeren Aufenthalt nicht genutzt werden. Gäste, die hier festmachen, müssen sich beim Hafenmeister anmelden.

 Wollin kann vom Norden über die Dievenow und vom Süden über das Stettiner Haff angelaufen werden. Zur Ansteuerung siehe PL 25; sie bietet keine Schwierigkeiten.
In Wollin ist nur der westliche Flußarm schiffbar. Nördlich der Anleger queren eine Drehbrücke und eine Eisenbahnbrücke den Fluß.
Die (südliche) Drehbrücke soll montags bis freitags in der Zeit zwischen 08.00 und 09.00 Uhr sowie 15.00 - 16.00 Uhr öffnen, anderen Zeiten sollen mit dem Brückenwärter verhandelbar sein. Die Durchfahrtshöhe der festen Eisenbahnbrücke soll 11,8 m betragen, nach andern Angaben 12,5 m.
– Vorstehende Angaben können nicht als sicher gelten –

 Gute Versorgungsmöglichkeiten in der nahen Stadt. Strom, Wasser und einfache Sanitäreinrichtungen sind bei den Vereinsanlegern vorhanden, Treibstoffe nur bei einer Straßentankstelle zu erhalten .

 Hafenmeister: Telefon 61 114, UKW-Kanäle **16**, 12 und 71,

 Bus- und Bahnverbindungen nach Swinemünde und Stettin

Cammin (Kamień Pomorski)

53° 58,5′ N | 014° 45,9′ E

Gewässerkarte im DSV-Verlag Stettiner Haff

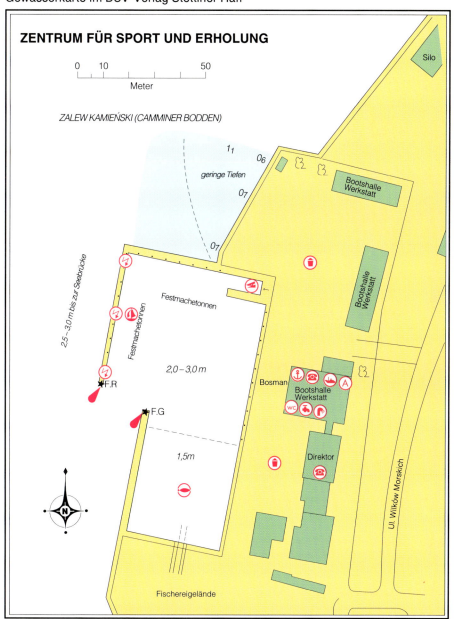

ZENTRUM FÜR SPORT UND ERHOLUNG

0   10   50
Meter

Silo

ZALEW KAMIEŃSKI (CAMMINER BODDEN)

1_1

0_6

geringe Tiefen

0_7

0_7

Bootshalle
Werkstatt

Bootshalle
Werkstatt

2,5–3,0 m bis zur Seebrücke

Festmachetonnen

Festmachetonnen

2,0–3,0 m

F.R

F.G

1,5m

Bosman

Bootshalle
Werkstatt

Direktor

Ul. Wilków Morskich

Fischereigelände

Seebrücke

Yachthafen Interster

Cammin in Blickrichtung SE

 Hafen und Kurort an der SO-Küste des Camminer Bodden (Zalew Kamieński), der größten Verbreiterung der Dievenow (Dziwna), 4,5 sm S-lich des Ortes Dievenow (Dziwnów) an der Ostsee (siehe PL 02). Zentrum betrieblicher Einrichtungen für Erholung und Sport, Heimat eines Segelklubs sowie Fischereihafen.

 Liegemöglichkeiten im Yachthafen Interster, Boote mit 2,5 m Tiefgang können den Hafen anlaufen. Die etwa 10 Gastliegeplätze werden vom Hafenmeister zugewiesen.
Weitere Liegemöglichkeiten an der Seebrücke im Norden der Altstadt von Cammin; diese Plätze sind bei NW-lichen Winden ungeschützt.

 Wassertiefe 2 - 3 m. Zur Ansteuerung siehe PL 25. Die N-Ansteuerung aus der Ostsee ist nur Booten bis 1,65 m Tiefgang möglich. Landmarken bei Cammin sind die Kirchen im Ort O-lich sowie ein Silo rd. 170 m NO-lich des Hafens. Die Insel Gristow (Chrzaszczewska Wyspa) westlich von Cammin muß bei der Ansteuerung aus S kommend westlich umfahren werden, da das Gewässer O-lich dieser Insel von einer Brücke mit 1,5 m Durchfahrtshöhe gequert wird.

 Gute Versorgungsmöglichkeiten in der nahen Stadt, im Hafen sind alle erforderlichen Einrichtungen einschließlich Reparaturmöglichkeiten und Schiffsausrüster vorhanden. Bis zur Straßentankstelle (nur Benzin) 1 km.

 Hafenmeister Telefon 20 110, UKW-Kanäle **16**, 12 und 71
Ośrodek Sportu i Rekreacji (Zentrum für Sport und Erholung), u. Wilków Morskich 4, 72-400 Kamień Pomorski, Direktor Telefon 20920.

Die Stadt hat eine interessante Geschichte. Sie war Residenz des ersten Pommernfürsten, Sitz von Bischöfen und Mitglied der Hanse. Zu den übriggebliebenen Zeugnissen dieser Zeit gehören die Kathedrale, der Bischofspalast, das Rathaus, Reste der Stadtmauer u. a. Im Dom werden im Spätsommer Orgelkonzerte gegeben.
Busverbindungen bestehen nach Dievenow und Swinemünde.

Heidebrink (Międzywodzie)   PL 28

54° 00,0′ N | 014° 42,3′ E

Gewässerkarte im DSV-Verlag Stettiner Haff   PL 54

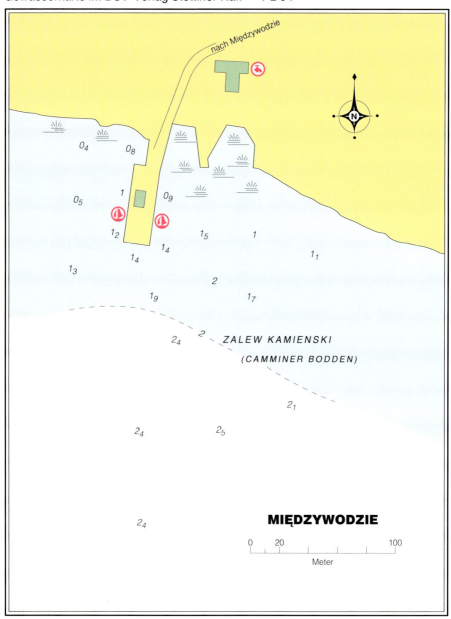

Heidebrink Blickrichtung N

 Kur- und Fischerort auf der Landzunge zwischen Ostsee und Camminer Bodden (Zalew Kamieńskie). Der Anleger des Ortes liegt an der NW-Küste des Camminer Boddens.

 Liegemöglichkeit auf max. 1,4 m bei Mittelwasser. Der Anleger ist eine baufällige Betonpier. Bei SO-Winden liegt man ungeschützt. Fahrzeuge sollten nicht ohne Aufsicht bleiben.

 Allgemeine Hinweise zur Ansteuerung siehe PL 25. Die Ansteuerung aus dem Camminer Bodden ist nicht bezeichnet. Landmarken sind ein heller Schuppen auf dem Anleger sowie Häuser des Ortes im Hintergrund. Auf Fischereigerät ist zu achten.

 Trinkwasser kann man im nahegelegenen Bauernhof bekommen. In der 1 km vom Anleger entfernten Ortschaft findet man Lebensmittelgeschäfte, Gaststätten sowie Reparatureinrichtungen.

 Bis zum Ostseestrand sind es 1,6 km. Busse verkehren nach Swinemünde und Stettin.

Hela (Hel)

54° 36,1′ N | 018° 48,3′ E

Seekarten: D (1443)   PL 51

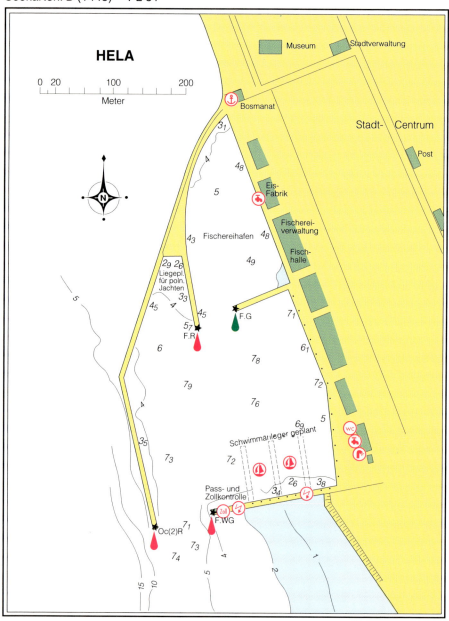

PL 29

HELA

0 20   100   200
Meter

Museum

Stadtverwaltung

Bosmanat

Stadt- Centrum

Post

Eis-
Fabrik

Fischereihafen

Fischerei-
verwaltung

Fisch-
halle

3_1

4

4_8

5

4_3

4_8

4_9

2_9 2_6
Liegepl.
für poln.
Jachten

3_3

4_5 4

4_5

5_7
F.R

6

7_9

7_8

7_6

7_1

6_1

7_2

5

F.G

Schwimmsteger geplant

6_9

WC

3_5

7_3

7_2

Pass- und
Zollkontrolle

3_4

2_6

3_8

Zoll

F.WG

7_1

Oc(2)R

7_3

7_4

5

2

1

15 10

100

Blick von der W-Mole
Richtung S/Hafeneinfahrt

 Fischereihafen am Ende der Halbinsel Hela (Hel). Schutzhafen bei Stürmen aus N- bis W-lichen Richtungen.

 Besucher liegen im Vorhafen an der S-Mole. Eine Liegeplatzzuweisung erfolgt nicht. Nach der Paß- und Zollkontrolle im Hafenbüro anmelden. Die Sportboot-liegeplätze im Westteil, an der Gabelung zwischen Außenmole und Fischereiha-fen, sind einheimischen Booten vorbehalten.

 Der 4 m tiefe Hafen liegt unmittelbar N-lich der Südspitze von Hela am O-Ufer der Halbinsel. Eine auffällige Landmarke ist der 39 m hohe, rotbraune, acheckige Leuchtturm mit Galerie dicht O-lich des Hafens auf dem Südende der Halbinsel. Vor dem Flach der S-Spitze liegt die mit Q(6)+LFl.15 s befeuerte Untiefentonne **HL-S**; sie trägt ein S-Toppzeichen. Von dieser Tonne kann mit rd. 352° direkt Kurs auf die mit F.G bzw. F.R befeuerte Hafeneinfahrt von Hela genommen werden. Um von den landseitigen Flachs freizubleiben, muß das O-Molenfeuer immer grün zeigen.
Bei der Ansteuerung von See müssen die großräumigen, unbezeichneten Sperrgebiete auf der Seeseite von Hela unbedingt beachtet werden.

 Stromanschlüsse und sanitäre Einrichtungen sind vorhanden. Wasser kann im Fischereihafen bei der Eisfabrik gebunkert werden. Treibstoffe sind zu bekom-men, Lebensmittel etc. im Ort in ca. 500 m. Werft, Werkstätten und ein mobiler Kran stehen für Reparaturen zur Verfügung.

 Hafenmeister: Telefon 750 624 und 750 618, UKW-Kanäle 10, 16 und 71.

 In der Kirche und auf dem angrenzenden Freigelände in unmittelbarer Nähe des Hafens befindet sich ein Fischereimuseum.

Heisternest (Jastarnia) PL 30

54° 51,8′ N | 018° 40,7′ E

Seekarten: D (1443)   PL 51

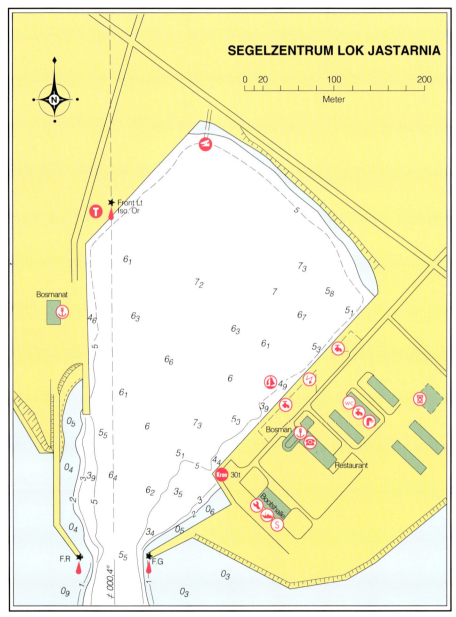

OSTSEE

Unterfeuer

 Fischerei-und Passagierhafen sowie Hafen des Segelzentrum des Jachtklubs LOK Jastarnia in der Mitte der Halbinsel Hela (Hel) an der N-Seite der Putziger Bucht (Zatoka Pucka).

 Besucher bekommen beim Yachtklub auf der O-Seite des Hafens immer einen Liegeplatz. Anmeldung im Hafenbüro am W-Kai.
Die Zoll- und Paßkontrolle findet in den Häfen Großendorf (Władysławowo / PL 08) oder Hela (Hel / PL 29) statt.

 Der Hafen wird aus der Putziger Wiek mit N-lichen Kursen angesteuert. Bei der Ansteuerung ist das Sperrgebiet zwischen Hela (PL 29) und Heisternest zu beachten. Von der Ansteuerungstonne **J** steuert man mit 000,4° durch eine 5 m tiefe, beidseitig betonnte Baggerrinne in den Hafen. Am Beginn der Rinne steht auf der Westseite ein weiß-roter Pfahl mit Galerie, der mit Fl(3)W.R.10 s befeuert ist. Nachts markiert eine Richtfeuerlinie (O-F: F.Or | U-F: Iso.Or. 6 s) die Mitte der Rinne. Die Molenköpfe sind befeuert. Außerhalb des Fahrwassers nehmen die Wassertiefen schnell auf unter 1 m ab.

 Sanitäre Anlagen, Wasser und Strom sind vorhanden, Bunkerstation und Slip an der NW-Seite des Hafens. Ansonsten sehr eingeschränkte Versorgungs-möglichkeiten.

 Hafenmeister: Telefon 74-22-21/13, UKW-Kanäle 16 und 71.

 Bei Wanderungen ist das militärische Sperrgebiet S-lich von Heisternest zu beachten!

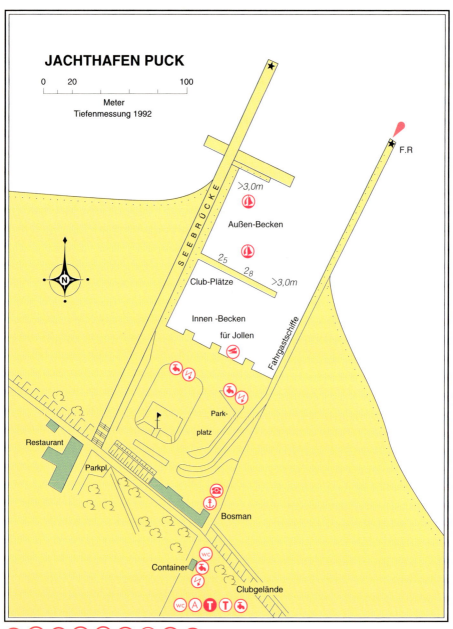

JACHTHAFEN PUCK

0   20   100

Meter
Tiefenmessung 1992

>3,0m

Außen-Becken

2,5

2,8   >3,0m

Club-Plätze

Innen -Becken

für Jollen

Park-

platz

Restaurant

Parkpl.

Bosman

Container

Clubgelände

F.R

SEEBRÜCKE

Fahrgastschiffe

Fischereihafen

Putzig in Blickrichtung SW

 Yachthafen 400 m O-lich des Fischereihafens der Stadt an der NW-Seite der Putziger Bucht (Zatoka Pucka).

 Aus 2 Becken bestehender Jachthafen des Zentrum für Sport und Freizei an der O-Seite einer Seebrücke. Gästen wird ein Liegeplatz im Außenbecken angeboten, der bei Winden aus N-lichen Richtungen jedoch ungeschützt ist. Zulässiger Tiefgang bis 2,5 m. Gastlieger müssen sich beim Hafenmeister anmelden.

 Der 3 m tiefe Hafen wird durch die Putziger Bucht angesteuert. Wegen der langgestreckten Bank Rybitwia Mielizna mit durchgehend weniger als 1,3 m Wassertiefe muß das betonnte Fahrwasser GŁĘbinka unter der Ostküste der Bucht benutzt werden. Die Ansteuerung bietet bei sichtigem Wetter keine Probleme. Von der Ansteuerungstonne führt ein Fahrwasser mit 238° vor die betonnte 186°-Rinne zum Stadthafen. Steuert man ab einer Position rd. 300 m vor dem Beginn der betonnten Rinne Kurs 180°, erreicht man den Yachthafen. Die O-Mole ist befeuert.
Die Einreiseformalitäten für über See einreisende Sportboote müssen in Großendorf (Władysławowo / PL 08), Hela (Hel / PL 29), Gedingen (Gdynia / PL 32) oder Danzig (Gdańsk / PL 34 u. 35) erledigt werden.

 Wasserzapfstellen im Hafen. Sanitären Einrichtungen im Klubgebäude und in einem Container auf dem Gelände des Zentrums für Sport und Freizeit, wo sich auch ein Container für Benzin und Dieselkraftstoff sowie ein Schiffsausrüster befinden. Gaststätten und Einkaufsmöglichkeiten in unmittelbarer Nähe des Hafens, Reparaturwerkstätten im Ort.

 Zentrum Sport und Freizeit, ul. Nowy Świat 17, 84-100 Puck, Telefon 73-29-51, Fax 732610, UKW-Kanal 16, Jachthafen Puck.

6 Stadt mit alter Geschichte und mit vielen historischen Bauten, die es sich anzusehen lohnt .

Gdingen (Gdynia)

54° 31,1′ N | 018° 33,3′ E

Seekarten D 1443   PL 1

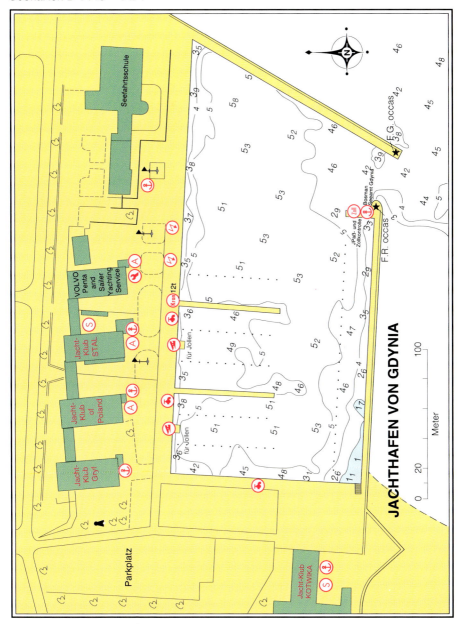

Einfahrt gesperrt

Ostmole

Gdingen Yachthafen Blickrichtung W

 Gdingen bildet mit Zoppot (Sopot) und Danzig (Gdańsk) die Dreistadt an der W-Küste der Danziger Bucht (Zatoka Gdańska) und ist größter polnischer Seehafen. Der durch zwei Molen geschützte Yachthafen liegt an der Seepromenade unmittelbar S-lich des Seehafens.

 Im Yachthafen sind fünf Jachtklubs beheimatet (siehe Plan). Gastliegeplätze werden vom jeweils zuständigen Hafenmeister eines Klubs zugewiesen. Der Hafen ist über UKW-Kanal 12 zu erreichen.

 Bei der Ansteuerung ist der Richtungsverkehr der Verkehrstrennungsgebiete (VTG) in der Danziger Bucht zu beachten, die von Sportbooten nach Möglichkeit gemieden werden sollten; zum Verhalten in einem VTG siehe auch Informationen im Yachtpilot. Der Yachthafen ist möglichst über die Küstenverkehrszone N-lich des VTG anzusteuern und das Fahrwasser weit vor der Haupteinfahrt wie auch vor der Südeinfahrt der O-Mole des Seehafens zu queren, um zur Einfahrt des Jachthafens zu gelangen. Der Anleger der Paß- und Zollkontrolle befindet sich Innenkante Kopf der Südmole des Yachthafens.
In den Yachthafen wird mit N-lichem Kurs eingesteuert, die Molenköpfe sind mit F.G / F.R befeuert.

 Art und Qualität der Einrichtungen sind in den Klubs unterschiedlich. Drei Schiffsausrüster im Hafen, Segelmacher in den Klubs POLAND und STAL. Kleine Reparaturen können ausgeführt werden. Mit geringen Mengen Kraftstoff kann u. a. der Hafenmeister vom Jachtklub STAL aushelfen. Bis zu den Versorgungsmöglichkeiten im Stadtzentrum sind es nur ein paar hundert Meter.

 Jachtklub STAL Telefon 20 16 62
Jachtklub KOTWICA Telefon 20 49 59,
Jacht-Klub POLAND Telefon 20 98 21 und 20 17 01.

Zoppot (Sopot) PL 33

54° 26,9′ N | 018° 34,7′ E

Seekarten D 144, 1443   PL 51

 Seebrücke des Seebades Zoppot, das in der Mitte der Dreistadt zwischen Gdingen (Gdynia) und Danzig (Gdańsk) liegt.

 Sportbooten ist das Liegen an der ungeschützten und über 500 m langen Seebrücke erlaubt. An der S-Seite der Brücke ist ein Yachthafen in Bau. Die Wassertiefen betragen 2,5 m bis 4,0 m.

 Zur Seebrücke führt keine bezeichnete Ansteuerung, die jedoch frei von Schiffahrtshindernissen ist. Eine auffällige Landmarke ist ein 30 m hoher weißer Turm an der Wurzel der Mole; dieser Turm trägt auch das Leuchtfeuer Sopot (Fl.4 s). Der Kopf der Seebrücke ist mit Fl.R.5 s befeuert.
Die gesamte küstennahe Bucht zwischen Gdingen im Norden und Neufahrwasser im Süden ist Fischereischutzgebiet und darf von anderen als Fischereifahrzeugen mit Ausnahme der direkten Ansteuerung der Seebrücke Zoppot nicht befahren werden.

 An der Seebrücke kein Service. Bis zum Stadtzentrum sind es aber nur wenige 100 m. Dort findet man alle Einrichtungen für einen angenehmen Aufenthalt.

Seekarten D 1444, 1443   PL 2

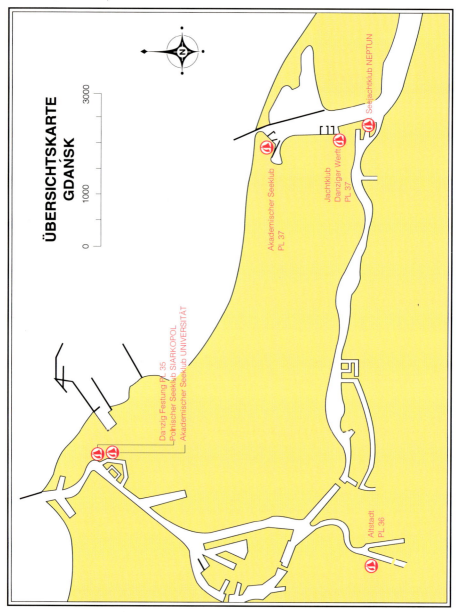

ÜBERSICHTSKARTE
GDAŃSK

Seejachtklub NEPTUN

Akademischer Seeklub
PL 37

Jachtklub
Danziger Werft
PL 37

Danzig Festung PL 35
Polnischer Seeklub SIARKOPOL
Akademischer Seeklub UNIVERSITÄT

Altstadt
PL 36

Seekarten D 1443, (1444)   PL 2

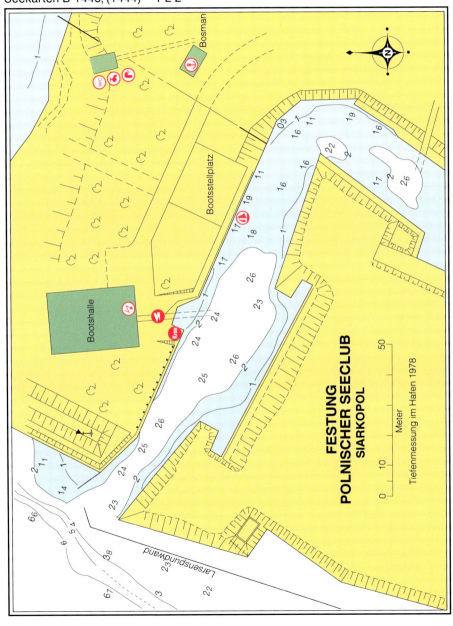

111

Westerplatte Denkmal

 Jachthafen des Polski Klub Morski (Polnischer Seeklub) SIARKOPOL sowie des Akademicki Klub Morski Uniwesytetu (Akademischer Seeklub Universität) im N-lichen Wehrgraben der alten Festung an der O-Seite der Toten Weichsel (Martwa Wisła) etwa 1,6 sm innerhalb der Mündung. Der Hafen ist wegen eines nahen Industriewerkes unattraktiv.

 Der kleine Hafen Polski Klub Morski bietet etwa 5 Gastliegern Platz. Anmeldung beim Hafenmeister. Im hinteren Teil des Wehrgrabens ist der Akademicki Klub Morski Uniwesytetu beheimatet.

 Der Kanal Portowy, so heißt die künstliche Mündung der Toten Weichsel, kann jederzeit problemlos angesteuert werden. Bei der Ansteuerung von See sind die Verkehrstrennungsgebiete in der Danziger Bucht zu beachten (siehe auch PL 32). Das gut betonnte und befeuerte seeschifftiefe Fahrwasser des Kanals und der Toten Weichsel führt in das Stadtgebiet von Danzig.
Es herrscht reger Schiffsverkehr, in der scharfen Kurve dicht S-lich der Einfahrt müssen (große) Fahrzeuge als Warnsignal fünf kurze Töne geben; ggf. sollte man sich vor dem Einlaufen beim Hafenmeisterbüro in Nowy Port auf UKW-Kanal 14 über die Verkehrssituation informieren. Grundsätzlich bedürfen alle Schiffsbewegungen von der Mündung bis zum Stadtgebiet von Danzig einer Genehmigung des Hafenamtes. Die maximal zulässige Geschwindigkeit beträgt auch für Sportboote 7 kn.
Die Paß- und Zollkontrolle findet am W-Ufer am Anleger des Hafenmeister neben dem alten Leuchtturm statt. Bei der Weiterfahrt passiert man an Backbord das Denkmal für die Helden der Westerplatte; es wird erwartet, daß beim Passieren des Denkmals die Flagge gedippt wird.

1,5 km weiter liegt die durch eine Stahlspundwand geschützte Festung mit dem Jachthafen im nördlichen inneren Festungsgraben. Die Durchfahrt zum Festungsgraben ist 5 m breit.

 Kein Wasser und Strom, die sanitären Einrichtungen befinden sich im schlechten Zustand. Bis zur Tankstelle und ins Stadtzentrum sind es 5 bis 6 km. Es besteht Busverbindung nach Danzig in 30 Minuten Abständen. Bis zur Haltestelle sind es 500 m.

 Die Festung ist von Juli bis September für Besucher geöffnet. Die Gedenkstätte für die Helden der Westerplatte erinnert an den Beginn des 2. Weltkrieges.

Danzig (Gdańsk) Stadt PL 36

54° 22′ N | 018° 39′ E

Seekarten: D (1444), 1443 Pl 2

Beim Krantor
in Danzig

 In der historischen Altstadt von Danzig bestehen gute Liegemöglichkeiten am Kai beim Krantor

 Danzig kann über den Kanal Portowy, der künstliche Mündung der Toten Weichsel, und die Toten Weichsel jederzeit problemlos anlaufen werden. Zur Ansteuerung und Einklarierung siehe PL 35.

Steuert man nach Passieren der Festung weiter S-lich, d. h. die Tote Weichsel stromauf und steuert bei einer großen Fahrwassergabelung in den Kaschubischen Kanal (Kanal Kaszubski) ein, erreicht man nach einer weiteren Fahrwasserquerung die Mottlau (Motlawa), die direkt in die Danziger Altstadt und zu den Liegeplätzen vor das bekannte Krantor führt. Boote mit mehr als 2 m Tiefgang sollten sich die Liegeplätze durch den Hafenmeister zuweisen lassen; er hat sein Büro kurz nach der Einfahrt in die Mottlau auf der Stb.-Seite. Eine Weiterfahrt mit stehendem Mast auf der Toten Weichsel Richtung Osten ist wegen der festen Brücken nicht möglich.

 In der Stadt alle Versorgungsmöglichkeiten, an den Liegeplätzen ist jedoch weder Wasser noch Strom zu bekommen.

 Der Reiz der Stadt liegt in ihren zahlreichen Baudenkmälern. Touristenzentrum ist die mittelalterliche Altstadt von Danzig, die nach der Zerstörung 1945 wieder vorbildlich restauriert und aufgebaut wurde. Zu den Sehenswürdigkeiten gehören die gotische Marienkirche, das Rathaus, Reste der Stadtbefestigungen, zahlreiche Bürgerhäuser, Speicher, der historische Altmarkt, das Krantor u. a.

54° 21,6′ N | 018° 47,0′ E

Seekarten D 1443   PL 2

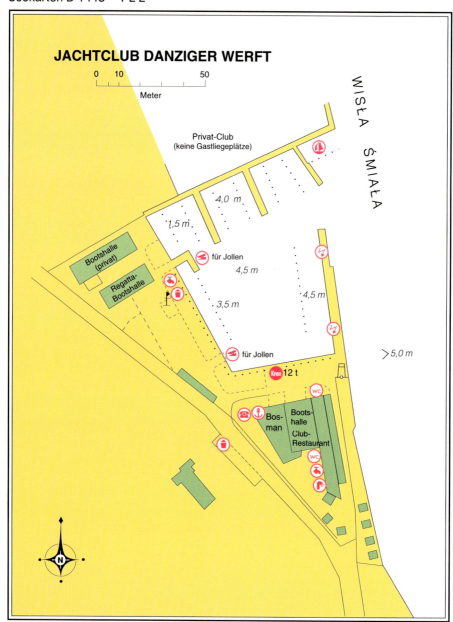

JACHTCLUB DANZIGER WERFT

0 10   50

Meter

WISŁA ŚMIAŁA

Privat-Club
(keine Gastliegeplätze)

4,0 m

1,5 m

für Jollen
4,5 m

3,5 m

4,5 m

für Jollen

Kran 12 t

>5,0 m

wc

Bos-
man

Boots-
halle

Club-
Restaurant

wc

N

Mole
abgesackt

Neufähr in Blickrichtung S

Jachthäfen des Jachtclubs der Danziger Werft (Jachtklub Stoczni Gdańskiej) und des Akademischen Jachtklubs AZS-ZSP (Akademicki Klub Morski AZS-ZSP) am Neufahrwasser (Wisła Śmiała) etwa 9 km O-lich von Danzig (Gdańsk).

Für Besucher sind 6 Liegeplätze vorgesehen. Weiterhin werden vom Segelverein nicht genutzte Liegeplätze den Besuchern zur Verfügung gestellt. Anmeldung beim Hafenmeister.

Boote mit einem Tiefgang bis zu 2 m können in das Neufahrwasser einlaufen. Die Ansteuerung beginnt rd. 1,5 sm O-lich der Hafenanlagen des Nordhafens (Port Potnocny) an der Mündung der Toten Weichsel bei der Untiefentonne **GW** mit O-Toppzeichen (Q.(3).10 s). Von dort steuert man mit rd. 180° auf die O-Mole zu, auf deren Kopf sich ein 9 m hoher roter Feuerturm mit weißer Laterne (LFl(2).W.R.15 s) und einer Galerie befindet. Bei der Einsteuerung ist dieser in einem Abstand von etwa 40 m zu passieren. Bei der Weiterfahrt komme man der Mole nicht zu nahe ; ihre Krone ist teilweise überspült und nicht bezeichnet.
Die Tiefenverhältnisse sind vor und in der Einfahrt in Abhängigkeit von Wind und Strom starken Veränderungen unterworfen. Untiefen bilden sich an der W-Seite des Molenkopfes und in Höhe der Nehrung. An der Steuerbordseite der Einfahrt entstehen Versandungen in Richtung NO. Der Hafen ist nicht befeuert.
An der Steuerbordseite befindet sich der Anleger des Grenzpostens für die Paßkontrolle. In Danzig Nowy Port (siehe PL 35) sollte einklariert werden; an der Mündung des Neufahrwassers befindet sich nur ein Grenzposten.
350 m weiter ist der Hafen des Akademischer Jachtklub AZS-ZSP und nach weiteren 900 m der Jachthafen der Danziger Werft.

Gut ausgebaute Häfen. Bis zur Tankstelle sind es jedoch 10 km. Reparaturen sind in kleinem Umfang möglich. Umfangreichere Arbeiten kann der Jachtklub

NEPTUN, 900 m flußaufwärts, leisten. Versorgungsmöglichkeiten 1 km. Nach Danzig fahren regelmäßig Busse.

 Jachtklub, Stoczni Gdańskiej S. A., 80-643 Gdańsk-, ul. Przełom 9, Telefon 37-31-15.

Frisches Haff (Zalew Wislany)

Das Frische Haff ist das in SW - NO-Richtung langestreckte flache Gewässer hinter der schmalen Landzunge der Frischen Nehrung und gehört ca. je zur Hälfte zu Polen und Russland. Es ist rd. 51 sm lang und durchschnittlich 4,5 sm breit bei einer mittleren Wassertiefe von 2 bis 3 m.

Wegen der flacheren Häfen sollte das Haff mit nicht mehr als 1,5 m Tiefgang befahren werden.

Das Frische Haff ist lediglich in der polnischen Seekarte PL 52 mit für navigatorische Zwecke hinreichender Genauigkeit dargestellt. Die Karte aber ist selbst in Polen nur mit Schwierigkeiten zu bekommen, in Deutschland überhaupt nicht. Diese Lücke wird künftig die Gewässerkarte im DSV-Verlag Frisches Haff schließen.

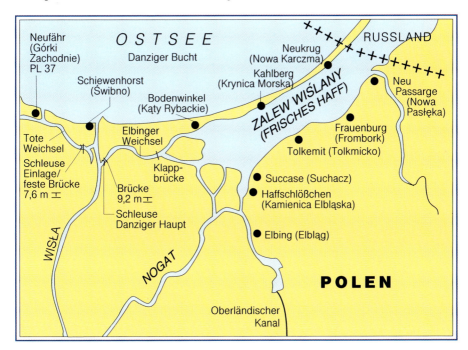

Das Gebiet des Frischen Haffs ist vor allem durch seine urwüchsige Natur geprägt, über die zahlreichen kleinen Häfen kann sich der Wassertourist schnell auch das nähere Hinterland erschließen.

Bei der Anreise über See kann man durch das Fahrwasser nach Königsberg (Kaliningrad) den russischen Teil des Frischen Haffs erreichen. Ob eine Weiterfahrt dann in den polnischen Teil möglich ist, war zum Zeitpunkt der Drucklegung dieses Buches nicht in Erfahrung zu bringen.

Steuert man durch polnisches Gebiet das Frische Haff an, schränkt eine feste Brücke mit 9,2 m Durchfahrtshöhe die Möglichkeiten einer Fahrt mit stehendem Mast ein.

Boote, für die diese Durchfahrtshöhe nicht ausreicht, sollten davon ausgehen, daß der Mast mit Bordmittel gelegt und gesetzt werden muß. Für kleine Boote könnte auch eine Anreise mit dem Trailer in Betracht kommen.

Die Zufahrt aus Polen erfolgt über den Weichseldurchstich bei Schiewenhorst (Świbno) und die Weichsel (Wisła), bis nach Osten in die Elbinger Weichsel (Szkarpawa) eingedreht werden kann. An deren Mündung ist die Schleuse Danziger Haupt (Gdańska Glowa) zu passieren, kurz dahinter eine feste Brücke mit 9,2 m Durchfahrtshöhe. Bei Schönbaum (Drewnica) folgt dann eine Pontonbrücke, die nur einmal am Tage geöffnet werden soll, rd. 10 km weiter ostwärts eine Klappbrücke, bis dann 35 km nach Schiewenhorst das Frische Haff erreicht wird.

Wird bereits bei Neufährt (siehe PL 37) in das polnische Wasserstraßennetz östlich von Danzig eingefahren, erreicht man über das Neufahrwasser (Wisła Smiała) und die anschließende Tote Weichsel (Martwa Wisła) nach 10 km bei der Schleuse Einlage (Przegalina) mit einer festen Brücke von 7,6 m Durchfahrtshöhe die Weichsel, auf der man dann in südlicher Richtung bis zur Einmündung derElbinger Weichsel fährt.

Eine ingenieurtechnische Rarität ist der bei Elbing beginnende rd. 105 km lange Oberländische Kanal, der das Frische Haff mit den Oberländischen Seen bei Osterode (Ostróda) verbindet und in dessen Verlauf ein Höhenunterschied von über 100 m mit Hilfe von fünf Bootsschleppen (99 m Höhenunterscheid auf 9,5 km Strecke) und mehreren Schleusen überwunden wird.

Der landschaftlich reizvolle Kanal kann von Booten mit bis zu 1,5 m Tiefgang und maximal 3,6 m Breite und einer größten Durchfahrtshöhe von 3,6 m passiert werden.